버려진 시간의 힘

먹고사느라 외면했던 시간들 속에서 되찾는 행복의 기술

버려진 시간의 힘

채지희 지음

whale books

우리가 진정으로 소유하는 것은 시간뿐이다.
가진 것이 아무것도 없는 이에게도 시간은 있다.

- 발타사르 그라시안 -

당신에게 새로운 시간을 선물합니다

돈은 아까운데 시간은 아까운 줄 모르는 당신께

대다수 사람들이 그렇듯 저 역시 성실한 학생이자 회사원으로 수십 년을 '노오력'하며 살았습니다. 원하는 꿈을 접은 채 취업이 잘 되는 전공을 선택했고, 허리에 침을 맞아가며 야근도 불사했습니다. 그럼에도 불구하고 회사 상황은 나아질 기미가 보이지 않았습니다. 구조조정으로 동료들이 떠나고 남은 사람들은 자기 자리를 지키느라 서로를 돌보지 못했습니다. 창업한 선배는 불경기에 어려움을 호소하고, 출산 이후 경력이 단절된 친구는 우울증에 시달립니다. 돈, 집, 직업 무엇 하나 변변치 못해 결혼을 포기한 후배의 이야기도 들려옵니다. 명예 퇴직을 당한 50대 아저씨는 가족 눈치가 보여 바깥을 배회하고, 소일거리가 없는 60대 아주머니는 텔레비전을 벗 삼아 하루를 보내곤 합니다. 80대 독거노인은 돌보는 이가 없어 노쇠한 몸을 이끌고 홀로 끼니를 해결하고 있습니다.

어디서부터 잘못된 것일까요. 어린 시절 꿈꾸던 인생은 이런 모습이 아니었는데 말이죠. "25살에 죽고 75살에 묻힌다."는 말이 더 이상 남의 이야기가 아니었습니다. 세월에 쫓기고 생계에 억눌려 수동적으로 사는 시간들은 죽은 삶과 다를 바 없습니다. 결국 땅에 묻히기 전까지 남은 50년, 즉 44만 시간 이상을 버리고 있는 셈이지요. 한때 찬란하게 빛나던 물건이 어느 날 쓰레기로 버려지는 것처럼 우리 인생에 주어진 시간 또한 의미와 쓸모를 찾지 못하면 얼마든지 버려질 수 있습니다.

그렇다고 시간을 분 단위로 쪼개서 아껴 쓰라는 말은 아닙니다. 지금까지 무턱대고 열심히 아껴 쓴 시간이 오히려 우리의 영혼이 바라는 행복을 갉아먹어버렸으니까요. 현실에 순응하느라, 불확실한 미래에 불안해하느라, 외면하거나 무심코 버려두었던 시간들이 주변에 널려 있습니다. 그중에서 진정한 의미와 쓸모를 주는 시간을 하나하나 골라내 자기만의 행복을 되찾는 기술이 필요합니다.

영화 〈이웃집에 신이 산다〉를 보면 하나님의 실수로 모든 사람에게 자신의 사망 시각이 문자메시지로 전송됩니다. 갑작스러운 소식에 사람들은 패닉 상태에 빠지죠. 그러다 죽음을 받아들일 마음의 준비가 된 사람들은 남은 시간을 어떻게 보낼지 스스로 결정을 내립니다. 누군가는 사랑에 빠지고, 누군가는 이혼을 결심합니다. 누군가는 모험을 떠나고, 누군가는 묵묵히 일상을 지켜냅니다.

죽음을 맞이하는 형태는 제각각이지만, 한 가지는 동일했습니다. 남은 시간을 온전히 '자신'의 마음을 충실하게 따르는 데 썼다는 점. 이제는 해야 할 일들보다 하고 싶은 일들이, 타인의 시선보다 내 마음의 소리가 더 중요해진 겁니다.

눈에 보이는 통장 잔고처럼, 눈에 보이지 않는 시간 잔고도 매일매일 줄어들고 있습니다. 시간 잔고가 '0'을 찍는 그 순간 무엇이 가장 후회될까요? 돈이 떨어지는 것처럼 시간이 떨어지는 것도 눈에 선명하게 보인다면, 몸을 사리지 않고 지금 당장 저질러볼 꿈의 목록을 100개도 넘게 뽑을 수 있을 것 같습니다. 제 인생에 주어진 절반의 시간은, 사회가 가르쳐준 대로 열심히 소비했습니다. 그래서 이제는 제 마음이 가리키는 길을 따라 가보기로 했습니다. 성인 평균수명을 감안할 때 저는 무려 42만 시간의 잔고를 보유한 시간 부자니까요.

남은 시간은 유니크한 삶에 걸어보면 어떨까요

지금의 30~40대는 국가도, 회사도, 가족도 책임져주지 않는 저성장 고령화 시대에서 살아남아야 합니다. 무작정 열심히 살다 보면 행복한 미래가 보장되는 시대는 끝났습니다. 우리보다 앞서 비슷한 시기를 겪은 일본인들이 미래의 헛된 욕망을 버리고 일상의 행복을 찾아 나선 것은 삶에 대한 의욕이 없어서가 아닙니다. 제한된 환경 속에서 자신의 삶을 만족으로 이끌기 위한 최선의 전략이지요.

우리 역시 변화한 시대상에 맞춰 삶의 가치관과 일상의 모습을 바꿔야 합니다. 자신을 잊은 채 흘려보낸 시간이 인생 1막이라면, 자신이 원하는 삶에 집중하는 인생 2막을 준비할 때입니다. 인생 2막은 더 이상 고령자만을 위한 이야기가 아닙니다. 한 살이라도 젊은 우리가 지금부터 고민하고 준비해야 할 이야기입니다. 앞으로 남은 수십만 시간을 자신의 인생에 제대로 투자하려면 말이죠.

버려지는 시간을 어떻게 모아서 어디에 투자해야 수익률이 좋을까요? 스스로 흡족한 시간 투자를 하기 위해서는 먼저 나, 삶 그리고 일상에 대한 배경지식부터 쌓아야 합니다. 그래서 PART 1 '나를 돌아보는 시간의 힘'에서는 현재 내 위치를 점검하고 자기도 모르는 속마음을 들여다봅니다. PART 2 '삶을 조망하는 시간의 힘'에서는 자신이 원하는 인생을 기획하는 법에 대해 알아봅니다. PART 3 '일상을 회복하는 시간의 힘'에서는 무심코 지나치기 쉽지만 일상의 행복에 지대한 영향을 미치는 삶의 소소한 일면들을 살펴봅니다.

이 책에서는 본문 어느 곳에서도 미친듯이 열심히 살라고, 최선을 다하면 반드시 성공한다고 종용하지 않습니다. 대신 자기 맞춤형 인생을 추천합니다. 타인이 아닌 스스로 정한 길을 걸으며 이것저것 골고루 경험하고 그 속에서 성장하는 시간들을 선물합니다.

인생이라는 과제에서는 어느 누구도 '스페셜special'하지 않습니다. 각자의 개성에 따라 '유니크unique'할 뿐입니다. 따라서 당신은 존재만으로도 그 가치를 발휘합니다. 남들보다 스페셜해 보이는 데 시간을 버리기보다 스스로 유니크해지기 위해 시간을 즐기는 사람들이 많아지면 좋겠습니다. 그동안 누군가의 기대 때문에, 사회적 인정 때문에 외부의 기준에 맞춰 쫓기듯 살았다면 이 책을 계기로 스스로에게 숨 고를 시간을 선물하기 바랍니다. 그리고 어제보다 오늘, 오늘보다 내일 한 걸음 더 성숙해진 자신과 대화하는 시간을 자주 갖기를 바랍니다. 그것이 고된 인생길을 고마움과 아름다움으로 채우는 비결이니까요.

책을 준비하면서 평범하고 소소한 저의 인생 담론이 누군가의 아픈 성장에 위로가 되기를 바랐습니다. 또 다른 누군가에게는 자기만의 성장 스토리를 발견하는 데 작은 영감이 될 수 있으면 좋겠습니다. 자칭 파란만장했던 저의 인생길에도 힘들 때마다 위로와 영감을 전해준 수많은 조력자가 있었습니다. 부족한 제 곁에서 저라는 사람의 유일성을 인정해주고 소중한 배움의 기회를 아낌없이 전해주는 인생의 멘토와 동료들에게 이 자리를 빌어 깊은 감사를 전합니다.

"지금 여기, 함께 존재하고 함께 성장해줘서 고맙습니다."

2016년 6월, 싱그러운 성장의 계절에

채 지 희

PART 3. 일상을 회복하는 시간

PART 1
나를 돌아보는 시간

셀프 스캐닝
SELF SCANNING

CHAPTER 1

그 많은 시간은 모두 어디로 흘러갔을까

한국인 취업자 연평균 노동시간

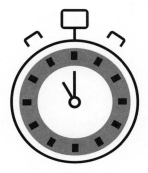

한국
2,124
시간

OECD 평균
1,770
시간

독일
1,371
시간

출처 | "새해 목표, 비우는 것부터 시작하기…현대인을 위한 디톡스 리스트", 〈매일경제〉, 2016년 1월 20일 자

당신이 일을 좋아한다고 믿는 건 착각일 수 있다

워커홀릭

그 어떤 것들보다 일이 우선이어서 오로지 일에만 몰두하여 사는 사람을 지칭하는 말.

자신이 '워커홀릭workaholic'이라고 자부하는 사람들이 많다. 그러나 워커홀릭은 전문가적 태도나 열정을 가진 사람을 뜻하는 말이 아니다. 워커홀릭은 다른 무엇보다 일이 우선이라 오로지 일에만 몰두하며 사는 사람을 의미하는 말이다. 경제학자 W. 오츠는 자신의 모든 가치 기준을 일에 두는 업무제일주의를 성격적 성향보다는 병으로 봐야 한다고 규정했다. 일을 열심히 해야 하는 환경에 파묻혀 살다 보면, 자신이 원래 열심히 일하는 걸 즐기는 인간형이라고 착각할 수 있다는 것이다. 그러나 실제로는 환경의 영향을 받은 것이므로 '중독'이라고 봐야 한다. 결론적으로 우리는 삶의 다른 측면에 기능장애가 오는 줄도 모른 채, 워커홀릭을 능력자의 면모인 양 여기고 있다.

나는 워커홀릭일까, 아닐까? 간단한 테스트를 하나 해보자. 여기 '익명의 일중독자 모임'이라는 다국적 단체에서 제공한 일중독 체크리스트가 있다. 다음 페이지에 나오는 질문들 중에서 3가지 항목 이상에 '그렇다'라고 응답했다면 스스로 일중독을 의심해볼 필요가 있다. 10가지가 아니다. 단 3가지다.

일중독 체크리스트

● **자신이 해당하는 항목 앞에 체크해보자.**

□ 일만 생각하면 마음이 들뜬다

□ 되는 일이 하나도 없다가도 일만 시작하면 에너지가 샘솟는 것 같다

□ 취침 전까지 일을 하거나 주말 또는 휴가 때까지 일거리를 가지고 간다

□ 가장 하고 싶은 것은 일이고 대화도 주로 업무에 관한 것이다

□ 실시간 기준으로 주 40시간 이상 일한다

□ 취미 활동도 돈 되는 일로 만들려고 한다

□ 업무 결과에 대해 전적으로 책임지려 한다

□ 일 때문에 약속 시간을 자주 어겨 가족이나 친구가 포기했을 정도다

□ 내가 직접 안 하면 문제가 생길까 봐 몇 번이고 추가로 확인한다

□ 과업을 완료하느라 마지막에 서두른다

□ 하고 있는 일이 마음에 들면 장시간 일하는 것도 마다하지 않는다

□ 일이 아닌 다른 것에 우선순위를 두는 사람들을 보면 견디지 못한다

□ 열심히 일하지 않으면 실직 또는 실패할까 봐 불안하다

□ 일이 잘 풀릴 때조차도 미래에 대한 걱정이 앞선다

□ 노는 것도 이기기 위해 열정적으로 한다

□ 업무 중 누군가 다른 일을 부탁하면 짜증이 난다

□ 장시간 근무 때문에 가족이나 지인 등과의 대인 관계에 문제가 있다

□ 운전할 때, 잠자리에 들 때, 남의 얘기를 들을 때 등 시도 때도 없이 일에 대해 생각한다

□ 밥 먹으면서 무언가를 읽거나 일 처리를 한다

□ 돈만 많이 벌면 인생에서 생기는 문제의 대부분이 해결될 것이라고 생각한다

당신은 그저 인생의 한 부분에 올인 하고 있다

"한국인은 미쳤다!"

국내 굴지의 대기업에서 10년간 CEO로 일한 에리크 쉬르데주의 소감이다. 일단 10년을 버틴 그를 위해 박수를 쳐주자. 한국 기업의 효율성에 창의성을 접목하겠다던 그의 야심찬 의지는 무산됐지만 말이다. 무섭게 몰아치는 성과주의와 견고한 위계질서의 문화를 외국인한 사람의 힘으로 무너뜨리기는 어려웠을 것이다. 입사 전, 한국 기업에서 배울 점이 많을 거라고 기대했던 그는 다시는 한국 기업을 위해일할 일이 없을 거라는 말을 남기고 떠났다. 그의 눈에 비친 한국인의 존재 이유는 '회사'와 '일'뿐이었다.

"아빠 회사에서 만드는 물건은 사지 않을 거예요.

회사가 아빠를 뺏어갔으니까요."

아들의 말에 그는 충격을 받았다. 그런데 우리는 일 자체가 일상이 되어서인지, 이런 말을 듣더라도 이게 다 너를 위한 거라고 아이를 타이르고는 술 한잔에 스스로를 다독이며 답이 없는 현실로 묵묵히 복귀한다. 내가 왜 일하는지 누구를 위해 일하는지도 잊은 채, 열심히 일하면 잘 살고 있는 거라고 스스로를 위로하는 것이다. 마음저 깊숙한 곳에서는 공허함이 밀려오지만, 그걸 아는 체했다가는 내 인생이 초라해질까 봐 애써 감추고 산다.

물론 일이 생계나 자아실현의 측면에서 중요한 부분을 차지한다는 걸 부정할 생각은 없다. 다만 '부분'이라는 건 강조하고 싶다. 나의 정신과 육체 그리고 한정된 자원인 시간까지 올인 해야 할 만큼 중요한 '전부'는 아니라고 강조하고 싶다. 나를 위해 일하는 건데, 그 일을 위해 나의 전부를 소진해야 하는 아이러니한 상황. 이것이 오늘날 대한민국의 모습이다. 이런 현실을 반영해서일까. 최근 매스컴에서 '피로사회'로 대변되는 한국 사회에 대해 연일 기사를 쏟아내고 있다.

• 너무 많이 일하는 한국인

지난해 한국인 취업자 1인당 평균 노동시간은 2,124시간으로
OECD 34개국 중 멕시코(2,228시간)에 이어 두 번째로 많은 것으로 나타났다.

▶ "OECD 근로시간 2위 한국 2,124시간, 1위 멕시코는 2,228시간",
〈머니위크〉, 2015년 11월 2일 자

• 너무 적게 자는 한국인

OECD에 따르면 한국인의 평균 수면 시간은 7시간 49분.
OECD 18개국 평균(8시간 22분)보다 33분 짧다.

▶ "유난히 짧은 한국인의 밤…수면에 관한 오해와 진실", 〈세계일보〉, 2015년 12월 1일 자

• 너무 피곤한 한국인

'2014년 생활시간조사' 결과에 따르면 우리나라 30대의 90%가 '피곤하다'고 응답했다. 40대의 89.2%, 20대의 84.1%, 50대의 81.6%도 피곤을 호소했다.

▶ "시간 도둑은 완벽주의자를 노린다", 〈주간동아〉, 2015년 7월 27일 자

모두가 앞의 사실에 공감하면서도 사회적인 문제로만 치부할 뿐, 자신의 일상에는 전혀 다른 잣대를 적용한다. 매일 입버릇처럼 '피곤하다, 죽겠다'라는 말을 달고 살면서도 열심히 일하는 게 미덕이고 열심히 일해야 성공한다는 생각을 무의식중에 갖고 있는 것이다.

당신은 잘못된 프레임에 갇혀 있다

내가 프리랜서로 일하고 있는 회사도 다른 회사와 마찬가지로 직원들이 거의 매일 야근을 한다. 저녁 6시가 되어도, 퇴근 인사를 하며 나가는 뒤통수가 따가울 정도로 다들 컴퓨터 화면에 집중하고 있다. 마치 오후 3시경, 한창 일할 때의 광경을 보는 듯한 착각마저 든다. 어느 날 함께 일하는 과장과 로비 소파에 앉아서 담소를 나누었다. 전날에도 밤 9시까지 일해서 얼굴이 허옇게 떠 있는 그가 농담 반 하소연 반으로 말을 이었다.

> "대체 내가 누구를 위해 이렇게 일하는지 모르겠네요."
> "어제도 늦게까지 일해서 피곤하시죠?"
> "피곤한데, 나보다 더 늦게까지 일하는 사람들이 있으니."
> "아, 거기도 일이 그렇게 많아요? 아니면 직원들이 대부분 솔로라서 일에만 집중
>   하는 건가요?"

"웬걸요, 다 결혼했고 아이 기르는 사람들도 많아요. 저렇게 독하게 일하니까 조직 평가에서 최우수상을 받죠. 저기 직원들은 최고 조직에 속한다는 자부심이 엄청나요."

힘들다고 말하면서도 '많이 일함'과 '우수함'을 동일시한다는 어감이 느껴졌다. 나는 다른 방식으로 질문을 던져봤다.

"우수하다는 인정은 조직이 받은 거지, 개개인이 그렇다는 건 아니잖아요?"
"뭐, 그렇죠. 생각해보면 직원 입장에서는 일만 더 많아지는 건데, 뭣 때문에 저렇게 열심히 하는지 모르겠다니까요. 저까지 피곤하게 말이죠."

우리는 잘못된 성과주의 프레임에 갇혀 있다. 아주 어릴 때부터 본능적으로 깨닫는다. 열심히 공부하고 말 잘 듣는 착한 학생만이 어른들로부터 칭찬과 인정을 받는다는 것을. 아니, 좀 더 정확하게 말하면 열심히 공부하고 말을 잘 들어도 성적이 오르지 않거나 좋은 대학에 가지 못하면 아무런 소용이 없는 '결과 위주'의 환경에 던져졌다는 것을. 이런 인식은 습관처럼 몸에 배어 성인이 된 지금까지도 그 틀에서 벗어나기가 쉽지 않다. 끊임없이 불만을 토로하면서도 말이다. 좋은 결과를 내기 위해 자학하거나 좋지 못한 결과에 대해 자책만 할 뿐.

이 프레임은 당연히 사회생활에 그대로 적용된다. 열심히 일하고 야근을 불사해도 실적이 나지 않으면 회사나 사회에서 인정받지 못한다. 인정받지 못한 자여, 그대는 야근과 주말 근무를 불사해서라도 실적을 달성해야만 한다. 그럼 반대로 실적이 나면 조금 여유롭게 일하면서 칼퇴근 해도 괜찮을까? 무슨 그런 섭섭한 말씀을! 인정받은 그대는 무한대의 가능성을 지녔다. 더 높은 목표치를 제시할 테니 숨겨진 능력을 발휘해서 (시간이 모자라면 야근을 활용해서라도) 실적을 달성해야 한다. 여유, 휴가, 적정 노동시간 등 인간성 보존을 위한 최소한의 배려조차 잘못된 성과주의 프레임 앞에서 손쉽게 묵살돼버린다. 인력을 무한대로 투입하면 무한대의 성과가 창출될 거라는 시대착오적 발상이 아직도 우리 조직 내에, 사회 속에 팽배해 있다.

그 어디에서도 무작정 열심히, 무조건 많이 일하면 좋은 성과가 나온다는 과학적 증거는 찾아볼 수 없다. 오히려 그 반대의 연구 결과가 속속 발표되고 있다. 스탠퍼드대학교의 연구에 따르면, 주당 노동시간이 50시간을 넘어갈 경우 노동자의 생산성이 떨어지기 시작한다. 55시간이 넘으면 급격히 추락하는 모습을 보인다. 야근에, 휴일 근무까지 감수하는 현실을 감안하면, 한국인의 노동생산성이 OECD 최하위국인 건 당연한 결과다. 생산성만 문제되는 게 아니다. 영국 유니버시티대학 연구팀에 따르면 야근을 자주하는 사람은 정상적으로 근무하는 사람보다 심장질환에 걸릴 확률이 13%, 뇌졸중에 걸릴 확률이 33% 높아진다. 성과 달성을 위해 무한대로 노동시간을 투입하는 현재의 일하는 방식은 조직의 능률 향상에도 도움이 안 될뿐더러 한 사람의 생명을 위협할 수도 있다.

당신은 쉬는 법을 잊어버렸다

"여유가 생겨야 창의성이 발휘된다."

"충분한 자기 시간을 가져야 업무 효율이 높아진다."

익히 들어 알고 있다. 오늘날과 같은 피로사회에 꼭 필요한 말이니까. 그런데 현실은? 고기도 먹어본 사람이 맛을 안다고 했던가. 머리로는 알겠는데 몸은 엉뚱한 방향으로 움직인다. 휴식 시간마저도 일하는 것처럼 열심히 사용해야 불안하지 않은 헛똑똑이들이 우리 주변에 수두룩하다.

K는 시간을 쪼개 쓰는 유형이다. 새벽부터 어학원, 헬스장을 다니며 자기계발 의지를 불태운다. 전날 야근이나 약속이 생겨 불참하는 날에는 자신의 게으름을 통탄하며 스스로 스트레스를 만든다. 그냥 저녁 시간에 등록하여 그 핑계로 조금 일찍 퇴근하면 될 텐데 말이다. 전형적인 '저녁형 인간'인 그가 굳이 '아침형 인간'이 되려고 발버둥치는 이유는 무엇일까.

L은 눈에 보이는 결과물에 집착하는 유형이다. 격주로 마감이 있는 업무 특성상 평소 심한 스트레스를 호소하곤 한다. 그래서 잠시라도 일 생각에서 벗어날 수 있는 여가 생활을 찾아보라고 권했다. 얼마 뒤 다시 만난 그에게 어떤 여가를 보내고 있는지 물었다. 그런데 그가 찾은 여가는 다름 아닌 자격증 공부였다. 자격증 취득을 여가로 생각하다니, 기발한 발상이 아닌가! 공부, 특히 성적이나 자격이라는 결과물을 얻어야 하는 공부는 일과 별반 다르지 않다. 무언가를 성취해야 한다는 또 다른 스트레스만 줄 뿐이다. 그러나 이런 설명에 돌아오는 그의 답이 눈물겨워 더 이상 그를 괴롭히지 않기로 했다. "그나마 자격증 공부에 집중하니까 회사 생각이 안 나더라고요."

M은 뭘 해도 충족되지 않는 유형이다. 그가 늘 입에 달고 사는 말이 있다. "딱히 하고 싶은 게 없어요." "나는 특별히 좋아하는 게 없는 거 같아요." "뭘 하고 싶다, 해야겠다는 생각이 안 드는 게 문제예요." 이렇게 말한다고 해서 정말 아무것도 안 하느냐? 그건 또 아니다. 바이올린 연주, 쿠킹 클래스, 한강 산책, 헬스 등 여가나 휴식이라는 이름에 걸맞은 시간을 충분히 보내고 있다. 그럼에도 불구하고 왜 자꾸 부정적인 말이 입 밖으로 튀어나오는 걸까. 그건 바로 저런 활동들이 자기 인생에 성취나 성공을 주지 않는다고 여기기 때문이다. 뭔가 실적이나 성과가 나오는 일에 치열하게 몰두해야 잘 사는 것처럼 느끼는 강박이 내재해 있는 것이다.

휴식이 동반되지 않은 자기 시간은 진정한 자기 시간으로 보기 어렵다. 당신은 어떤 방식으로 자신의 시간을 쓰고 있는가? 자기 시간이라고 부를 만한 여유, 하다못해 자투리 시간이라도 확보해두고는 있는가? 학습 의욕이 넘치고 경력을 쌓느라 바쁜 사회 초년생이라면 일정 기간 자기 시간을 보류할 수도 있다. 그러나 10년 넘게 사회생활을 했는데 여전히 불안하고 스스로를 돌볼 여유도 없이 바쁘다면 얘기가 다르다. 자기 시간을 보류한 게 아니라 포기한 것이니까 말이다. 이젠 멈춰 서서 내가 어디로, 어떻게 가고 있는지 한 번쯤은 점검해야 할 때다.

걸러 가는 연습이 필요하다

한 주 동안 반복되는 나의 일상을 가만히 더듬어보자. 당신의 하루는 어떻게 흘러가는가?

회사가 정해준 시간에 맞춰 출근하기 위해 새벽같이 일어나 지옥철 혹은 만원버스에 몸을 싣는다. 내게 지정된 한두 평 남짓한 자리에는 어제 미처 처리하지 못한 서류들이 겹겹이 포개져 있다. 모닝커피로 쓴입과 몽롱함을 떨쳐내고 일단 서너 시간 정도 버텨본다. 지겨운 구내식당을 벗어나 오늘은 밖으로 한번 나가볼까? 점심시간 30

분 전부터 뭘 먹을지 나름 즐거운 고민이 시작된다. 밥 먹고 소화도 시킬 겸 잠시 걷다가 커피나 담배로 입가심을 하고 양치질까지 끝마치기엔 주어진 시간이 빠듯하기만 하다. 그래도 정해진 시간을 넘기면 눈치가 보이므로 서둘러 자리에 앉아 업무를 준비하는 시늉이라도 해야 한다.

오후 시간. 위장의 활발한 소화운동을 무시한 채 앉아서 일하려니 극강의 졸음이 몰려온다. 딱 10분만, 쪽잠이라도 자면 개운할 것 같은데 사람들 눈을 피해 잘 곳도 없다. 버티는 방법은 카페인 대량 투입 뿐. 하루 두세 잔의 커피는 기본이니 버텨주는 위장이 대견할 따름이다. 정신없이 바쁠 때는 저녁 6시가 금세 찾아온다. 처리한 일보다 처리하지 못한 일이 더 많이 남아 있다. 따라서 엄밀히 말하면 저녁 6시는 퇴근 시간이 아니다. 그저 야근을 위한 식사를 하고 일을 계속할지, 굶은 채 일하고 조금이라도 더 빨리 퇴근할지를 결정하는 시간일 뿐이다. 마음은 칼퇴근을 부르짖지만 회사는 이런 내 마음을 아는지 모르는지 주 40시간 이내에 해결할 수 없는 일들을 할당해준다. 출장을 다녀오든 휴가를 쓰든 결국 그 일은 고스란히 내 몫이다. 야근, 심지어 주말 근무를 해서라도 반드시 처리해야만 한다.

어느덧 밤 10시. 아직 일이 남았지만 이러다가는 정말 죽을 것 같다. 어차피 몇 시간 후면 다시 올 테니 책상 정리는 내일 하자. 지친 몸을 이끌고 집에 도착하면 씻는 것조차 귀찮다. 쓰러져 자고 싶은 마음뿐이니 가족 중 어느 누구도 나를 건드리지 않았으면 좋겠다. 늦게까지 야근했다고 지각이 용납되는 건 아니다. 알람을 서너 개 맞춰두고 자리에 누우니 온몸이 땅속으로 꺼지는 기분이다. 그러나 어김없이 밝아오는 아침, 나는 다시 지옥철 혹은 만원버스에 몸을 싣고 회사로 출근한다.

이런 일상을 수십 년간 묵묵히 반복해온 당신. 한국 기업에서 10년을 버티고 떠난 외국인 CEO 못지않게 큰 박수를 받아 마땅하다. 다만, 당신이 속한 회사에서 만드는 제품이나 서비스는 사지 않는 게 좋겠다. 회사가 당신의 영혼을 뺏어갔으니 말이다. 당신의 몸은 생계를 위해 노동을 멈출 수 없다. 아니, 멈춰선 안 된다. 그러나 당신의 영혼까지 그 노동 현장에 내팽개쳐두지는 말자.

'해거리'라는 말이 있다. 나무도 사람처럼 매년 반복된 일상을 보내며 자란다. 봄에는 꽃을 피우고, 여름에는 잎을 무성하게 만든다. 가을에는 열매를 맺고, 겨울에는 잎과 열매를 모두 떨군다. 이렇게 주기적으로 자라다가 어느 해에는 열매를 하나도 맺지 않고 오로지 생존에만 힘을 쏟는 시기를 보낸다. 그게 바로 해거리다. 한 해를 고스란히 해거리에 힘쓴 나무는 다음 해에 그 어느 때보다 튼실하고 풍성한 열매를 맺는다.

스스로를 돌볼 여유도 없이 바쁘게 달려왔는가? 그렇다면, 이제 그만 속도를 늦추고 오로지 나의 존재 자체에만 관심을 쏟아보자. 모든 관계와 상황을 뒤로하고 삶의 1순위를 나 자신에게 두는 것이다. 오직 일만 생각하며 사느라 외면당하고 버려진 시간을 나에게 쓰는 순간 시간은 나를 위해 힘을 발휘할 것이다. 더 아름다운 열매를 맺기 위해 해를 걸러 열매를 맺는 자연의 이치처럼, 당신의 인생에도 해거리라는 시간 계획이 필요하다.

CHAPTER 2

생존에 필요한 필수시간을 지키고 있는가

가족시간 계산기

당신이 40세 직장인라면, 남은 인생 **45년**

일하는
시간
15년

잠자는
시간
11년

TV, 스마트폰
보는 시간
9년

모임, 취미로
보내는 시간
8년

가족과 보내는
시간
11개월

가족과 대화하는
시간
3개월

출처 | 삼성생명, 〈당신에게 남은 시간〉

당신은 시간을 도둑질당하고 있다

시간절벽

은퇴 후 일하는 시간이 급격히 줄어드는 현상.
남아도는 가용시간을 어떻게 활용하는지에 따라
은퇴 후 삶의 질이 결정됨.

우리가 60세에 은퇴한다고 가정해보자. 미래에셋 은퇴리포트 〈은퇴 후 11만 시간〉에 따르면, 평균수명인 85세까지 산다고 했을 때 은퇴 후 나에게 주어지는 시간은 약 22만 시간. 이 중 먹고 자고 아파서 누워 있는 생활 필수시간을 제외하면 약 50%인 11만 시간이 남는다. 얼마나 긴 시간인지 감이 오는가? 한국인 취업자 연평균 노동시간인 2,124시간을 기준으로 하면 무려 50년을 일하고도 남을 시간이다. 그 긴 시간을 죽을 때까지 내 마음대로 써야 한다!

　　그런데 2014년 문화체육관광부에서 조사한 한국인 여가활동 순위를 보니 앞길이 다소 막막하다. 1위 TV 시청, 2위 인터넷 및 SNS, 3위 산책, 4위 게임. 쉬고 싶은 그 마음은 충분히 이해하지만 과도하게 소극적·비활동적 영역에 머물러 있다. 이는 곧 여가의 질 자체가 낮다는 방증이다. 특히 1위로 꼽힌 TV 시청의 응답을 보면 70세 이상 73.3%, 60대 72.3%, 50대 64.1%, 40대 59.3%, 30대 51.4%로 고령자일수록 그 비율이 높게 나타났다. 60세 이상 고령자가 TV 시청에 할애하는 시간은 은퇴 후 가용시간의 30%인 33,000시간에 달한다.

TV나 보고 낮잠이나 자며 긴긴 하루를 무료하게 보내는 뒷방 늙은이로 살 순 없다! 은퇴 후 가용시간을 나만의 스케줄로 알차게 채워 삶의 질을 높여야 한다. 그때 가서? 아니, 바로 지금부터 고민해야 한다. 현재 여가 생활의 질이 은퇴 후 가용시간의 질과 직결되기 때문이다.

65세가 된 나의 하루는 어떤 모습일까? '은퇴 후 일과표'를 짜면서 지금부터 무엇을 준비해야 할지 곰곰이 생각해보자. 혹시 막막하기만 한가? 무엇을 해야할지 모르겠는가? 아래의 가이드를 참고하면 도움이 될 것이다.

- 당신을 설레게 혹은 집중하게 만드는 활동은 무엇인가?
- 활동적·비활동적 여가를 고르게 분배하자. 여가의 질만큼 휴식 및 건강 유지도 중요하다.
- 누구와 함께할 것인가? 가족, 친구, 커뮤니티 멤버 등 행복한 시간을 함께해줄 사람들을 떠올려보자.
- 정보를 잘 찾아보면 적은 돈으로 혹은 무료로 즐길 수 있는 여가활동이 얼마든지 있다.
- 가사 분담, 소일거리 등 적당한 노동은 삶에 활력을 준다.
- 수면, 식사, 질병 관리 등 생활 필수시간을 소홀히 하지 말자.

은퇴 후 일과표 그리기

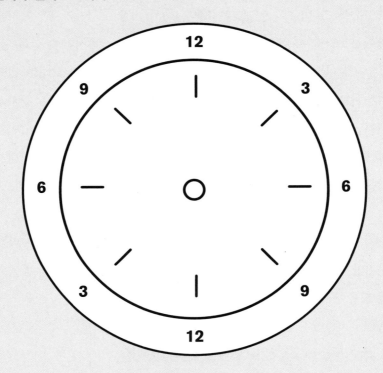

　　여가 생활에도 경력이 붙어야 한다. 나에게 적합한 여가를 선택하기 위해 정보를 찾고 활동 내용이나 기술을 익히며 함께하는 사람들과 친숙해질 시간이 필요하다. 경험과 노하우가 쌓일수록 여가의 즐거움도 배가 될 것이다. 은퇴 후 자연스럽게 여가 생활을 이어갈 수 있도록 지금부터 차근차근 여가 경력을 쌓아보자.

사람을 사람답게 하는 최소한의 시간

"내가 바라는 것은 평온과 휴식뿐이다."

철학자이자 수학자, 물리학자였던 데카르트가 즐겨 쓰던 말이다. 어린 시절 몸이 약했던 그는 아침 일찍 일어나는 걸 힘들어했다. 교장 선생님의 배려로 오전에는 침대에 누워 휴식을 취할 정도였다. 어른이 되어서도 그의 생활 패턴은 비슷했다. 30년전쟁에 용병으로 참여했을 때조차도 기운이 없어 병영 침대에 누워 물끄러미 천장만 바라보고 있었다. 그때 그의 눈에 천장에 붙은 파리 한 마리가 들어왔다. '어떻게 하면 파리의 위치를 쉽게 표현할 수 있을까?' 무심코 생각하다 떠올린 것이 우리가 수학 시간에 배운 '좌표' 개념이다.

"조용히 명상하는 습관이 철학과 수학의 원천"이라고 말한 그의 말이 맞았던 걸까? 최근 데카르트의 말을 뒷받침해줄 과학적 근거가 밝혀졌다. '디폴트 모드 네트워크Default Mode Network'. 미국의 뇌과학자 마커스 레이클 교수가 발견한 이것은 뇌가 특별히 집중해서 하는 일 없이 편안하게 쉬거나 놀고 있을 때도 자동적으로 활성화되는 뇌의 영역을 일컫는다. 눈을 감고 휴식을 취할 때도 뇌는 끊임없이 작동하며 우리가 흡수하는 산소의 20%를 바쁘게 사용한다. 왜일까?

평소 우리의 뇌는 엄청난 멀티태스킹을 하고 있다. 우리가 집중해서 과제를 수행할 때 수많은 정보와 외부 자극이 뇌로 쏟아져 들어온다. 그러면 뇌는 일단 이 모든 것을 받아들여 빠른 속도로 처리해버린다. 그러다가 우리가 아무 생각 없이 휴식을 취할 때 그동안 쌓아둔 정보와 자극을 정리해 자아와 연결하는 작업을 시작한다. 자아성찰, 감정 처리, 사회성 획득, 자전적 기억의 형성, 통찰력과 창의성 발휘 등 사람에게 필요한 대다수의 능력이 이때 내면화된다. 그래서 독일의 신경과학자 카이 포겔라이는 디폴트 모드 네트워크가 "사람을 사람답게 하는 능력과 연관된다."고 강조했다.

앞서 보았던 가족시간 계산기를 내 인생에 맞춰 두드려보자. 하루에 아무 생각 없이 휴식을 취하는 시간이 얼마나 되는가? 30분이라고 치고 남은 45년 인생을 계산해보면 228일밖에 되지 않는다. 45년 중 고작 228일만을 사람답게 사는 데 쓰는 것이다. 디폴트 모드 네트워크에 문제가 생기면 우울증, 자폐증, 정신분열증, 알츠하이머, ADHD와 같은 정신적 어려움을 겪는다. 이것이 적절히 활성화되지 못하면 외부 자극과 정보를 내부 자아와 연결시킬 기회를 놓친다. 따라서 자기인식이 떨어지고 타인에게 무관심해지며 감정 처리에 문제가 생긴다. 반대로 지나치게 활성화되면 외부의 자극과 정보는 무시하고 내면에만 집중하게 된다. 외부 활동이 어려워지고 심할 경우 환청이나 환시 등을 겪을 수 있다.

사회시스템에 시계를 맞춘 시간빈곤층들

당신의 뇌에 평소 얼마만큼의 디폴트 모드를 허락하고 있는가?

이른 새벽 일어나 늦은 저녁 잠자리에 들기까지 바빠서 딴생각할 겨를이 없다. 이동 시간이 아까워 늘 종종걸음을 걷거나 끼어드는 앞차 때문에 신경질이 난다. 두세 가지 일을 척척 해내는 사람들을 보면 나도 더 열심히 살아야겠다는 생각이 든다. 모자란 시간은 잠자는 시간, 밥 먹는 시간을 줄여서라도 채우려 한다. 이렇게 바쁜데 휴가를 떠나는 건 사치다. 반면, 조금이라도 한가해지거나 바쁘지 않으면 죄책감이 든다. 열심히 사는 것 같지 않아서….

이런 당신은 이미 '시간 빈곤층Time Poor'일 확률이 높다. 시간 빈곤층은 아무리 시간을 절약해도 일에 쫓겨 먹고 잠자는 생존에 필요한 필수시간마저 위협받는 상황에 있는 사람들을 뜻하는 말이다. 이들은 자기만의 시간이 부족해 인간다운 삶을 영위하기가 어렵다.

일주일간 수면부족, 즉 6시간 이하로 자면 700가지 유전적 변화가 일어나며 이는 여러 가지 질병의 발병률을 높인다. 비만 1.3배, 우울증 1.7배, 고혈압 2배, 뇌졸중 4배, 당뇨병 5배, 사망률 5배 증가…

▶ **"수면부족과 질병의 상관관계"**, 〈디지털타임스〉, 2015년 8월 27일 자

감당할 수 없는 바쁨은 육체를 병들게 하고 정신을 죽인다. 내가 왜 이렇게 늘 바쁘고 시간이 없는지 곰곰이 생각해보면 주변 환경의 영향이 큰 경우가 많다. 쉴 새 없이 돌아가는 사회시스템 안에 발을 들여놓는 순간, 자아의 시간 관념은 점차 흐릿해진다. 내 일생을 주관하는 시간 패턴을 잃어버린 채 더 빨리 돌아가는 사회시스템의 시간 패턴에 지배당한다. 그러나 사람에게는 한계치가 있다. 사회시스템의 시간에 어떻게든 맞춰보려고 내달리다가 어느 순간 고장이 나거나 튕겨나가버리는 것이다.

만일 데카르트가 현세에 살았다면 상사나 주변 사람들로부터 '게으른 사람'이나 '정신력이 부족한 사람'으로 낙인찍혔을지도 모른다. 아침형 인간이 추앙받고 휴가도 눈치 보며 써야 하는 상황이니까. 철학과 수학의 원천이 되어준 충분한 명상과 휴식도 이해받기 어려웠을 것이다. 그런데 실은 그 당시 데카르트도 충분한 휴식을 취하지 못하고 무리하게 일하다 죽음에 이르게 되었다.

서양 근대 철학의 포문을 연 데카르트. 그만큼 당시 그의 철학적 성찰은 매우 혁신적이었다. 세간의 주목을 받게 된 그는 스웨덴 여왕의 개인교사로 부름을 받는다. 데카르트는 어린 시절부터 줄곧 새벽에 잠자리에 들어 정오까지 침대에 누워 있는 생활에 익숙해져 있었다. 반면, 여왕은 교양을 쌓는 데 관심이 많을 뿐만 아니라 엄청나게 부지런한 아침형 인간이었다. 그녀는 일주일에 세 번, 새벽 5시에 강의를 듣기를 원했다. 명을 어길 수 없었던 데카르트는 새벽같이 일어나 스웨덴의 찬 공기를 뚫고 여왕의 서재로 출근해야 했다. 그러나 추위와 피로는 허약한 그의 체질에 독이 되었다. 가볍게 생각했던 감기가 폐렴으로 번지면서 결국 그를 죽음으로 내몬 것이다. 거장의 죽음치고는 다소 허무하지만, 면역체계의 붕괴로 인한 폐렴이 가장 유력한 사인이다.

롱런하고 싶다면 일상의 시간 패턴을 사회가 아닌 사람에게 맞춰야 한다. 현대사회는 '100미터 달리기를 쉬지 않고 100번씩 연달아 뛰라고 강요하는' 시스템을 운영 중이다. 로봇이나 기계도 이렇게 쉬지 않고 돌리면 고장이 나거나 수명이 단축되기 마련이다. 다행히 인체는 똑똑해서 몸과 마음이 완전히 고장 나기 전에 사전 경고를 보내준다. 소화불량, 위궤양, 장염, 요통, 두통, 탈모, 불면증, 신경질, 좌절감, 분노, 우울증…. 이것들은 모두 사회시스템에 맞춘 시간 패턴에서 자아와 인체 중심의 시간 패턴으로 관심을 돌리라는 신호다. 그땐 지체 없이 '자가 보호 모드'로 변환할 용기가 필요하다. 하던 일을 내려놓고 병원에 가라. 칼퇴근 해라. 내 편인 사람들을 만나라. 휴가를 써라. 여행을 떠나라. 그래도 완치되지 않는다면 좀 더 길게 쉬며 당신의 마음이 원하는 것을 하라.

시간은 50년 후에도 똑같이 흐른다

치료보다 현명한 건 예방이다. 인체의 이상 신호를 받기 전에 일상의 시간 패턴을 '마라톤 모드'로 유지하는 기술이 필요하다. 단거리 달리기에서는 무산소 호흡을 하고 보폭을 최대한 크게 해서 순간의 힘으로 동력을 내야 한다. 반면, 마라톤에서는 유산소 호흡과 무산소 호흡을 번갈아 사용하고 보폭을 좁게 해 쓸데없는 힘의 손실을 줄여야 한다. 또한 페이스 안배를 통해 최후까지 육체적·정신적 피로를 극복하는 지구력을 발휘해야 한다. 때때로 단거리 달리기하듯 정신없이 빠르게 보내야 하는 날도 있을 것이다. 그러나 그런 모드로 한 달, 일 년, 백 년을 달리는 건 불가능하다. 그래서 인생에도 페이스 안배가 필요하다. 내가 가진 시간, 에너지, 자원을 인생의 각 구간에 어떻게 배분할지에 대한 전략이 있어야 한다.

나는 젊었을 때 정말 열심히 일했습니다.

그 결과 나는 실력을 인정받았고 존경을 받았습니다.

그 덕에 65세 때 당당한 은퇴를 할 수 있었죠.

그런 내가 30년 후인 95살 생일 때

얼마나 후회의 눈물을 흘렸는지 모릅니다.

내 65년의 생애는 자랑스럽고 떳떳했지만,

이후 30년은 부끄럽고 후회되고 비통한 삶이었습니다.

나는 퇴직 후

'이제 다 살았다. 남은 인생은 그냥 덤이다.'라는 생각으로

그저 고통 없이 죽기만을 기다렸습니다.

덧없고 희망이 없는 삶…

그런 삶을 무려 30년이나 살았습니다.

30년의 시간은 지금 내 나이 95세로 보면…

3분의 1에 해당하는 기나긴 시간입니다.

만일 내가 퇴직할 때 앞으로 30년을 더 살 수 있다고 생각했다면

난 정말 그렇게 살지는 않았을 것입니다.

그때 나 스스로가 늙었다고,

뭔가를 시작하기엔 늦었다고 생각했던 것이

큰 잘못이었습니다.

나는 지금 95살이지만 정신이 또렷합니다.

앞으로 10년, 20년을 더 살지 모릅니다.

이제 나는 하고 싶었던 어학공부를 시작하려 합니다.

그 이유는 단 한 가지…

10년 후 맞이하게 될 105번째 생일날

95살 때 왜 아무것도 시작하지 않았는지 후회하지 않기 위해서입니다.

- 故 강석규 박사, 〈어느 95세 어른의 수기〉 중

고 강석규 박사는 초등학교를 졸업한 후 시골에서 농사를 지으며 살았다. 그 와중에 독학으로 교사 자격증을 따고 30대 중반의 늦은 나이에 서울대학교에 입학해 학구열을 불태웠다. 이후 초·중·고교에서 대학교까지 여러 곳을 두루 거치며 교편을 잡았다. 호서대학교를 설립하고 총장을 역임하며 산학 협력과 벤처 분야 육성에 앞장서기도 했다. 65세에 은퇴하기 전까지 그렇게 앞만 보며 열심히 달려온 그였다.

그러나 퇴직 후 남은 40여 년의 삶에 대해서는 미처 고려하지 못했다. 대다수의 우리가 그러하듯 말이다. 비록 30년을 허송세월했지만 다행히도 95세의 어느 날 그는 깨달았다. 과거에도, 현재에도, 미래의 그 어느 날에도 변함없이 나에게 주어진 '오늘'을 살아야 한다는 것을! 강석규 박사는 103세로 생을 마감하기 직전까지 이 깨달음을 실천하는 삶을 살았다. 그리고 마지막 떠나는 그 순간까지 우리에게 삶을 대하는 가르침을 전한 진정한 교육자로 남았다.

35세에도, 65세에도, 95세에도 인생의 시간은 동일하게 흐른다. 상대적으로 다르게 흐른다고 판단하는 건 우리의 선입견 때문이다. 지금을 희생해서 바쁘게 살면 언젠가 푹 쉬어도 된다는 선입견. 그러나 오늘도, 미래의 그 어느 날에도 의미 있는 시간을 보내고 싶은 자아의 욕구엔 변함이 없다. 그 욕구를 충족하는 데 필요한 시간이라는 자원 역시 변함없이 동일한 분량으로 주어진다. 그래서 페이스 조절이 중요하다. 인생의 각 구간별로 적절하게 힘을 안배해야 지치거나 중도에 포기하는 일 없이 종착지까지 후회 없는 완주가 가능하다.

속도만 내다가 풍경을 잃어버린다

평소 '바쁘다'는 말을 입에 달고 사는가? 그렇다면 인생의 페이스 조절에 실패하고 있음을 알아차려야 한다. 페이스 조절은 내가 가진 시간과 에너지를 배분하는 문제다. 한정된 자원으로 모든 것을 완벽하게 해내려는 것은 능력보다는 욕심에 가깝다. 스스로를 괴롭히는 욕심부터 내려놓아야 해답이 보인다. 자신의 한계를 명확히 인식하고 스스로 롱런할 수 있는 적정 페이스를 찾는 것. 오늘 하루 안에는 처리할 수 없는 수많은 일도 일주일, 한 달, 일 년, 십 년, 오십 년을 내다보면 대부분 가능해진다. 이처럼 시간에 대한 인식을 확장시켜 자신의 페이스를 관리해야 거꾸로 오늘 하루를 무엇으로 채워야 적합한지에 대한 답이 나온다.

　지금 이 순간에도 인생이라는 마라톤을 단거리 달리기하듯 내달리고 있는 사람에게 권하고 싶은 완주 요령이 있다. 다음 내용은 실제로 마라톤을 준비하는 초보자에게 전문가가 조언하는 내용이다. 여기에 인생 마라톤을 완주하는 비법이 고스란히 담겨 있다.

천천히 뛰고 무리하지 않는다

달리다가 힘들면 걷는 것을 권장한다. 천천히 뛰는 속도를 측정하는 방법에는 몇 가지가 있으나 가장 손쉬운 측정법은 '대화 테스트'이다. 대화하면서 뛸 수 있는 속도가 지방을 태우며 부상을 방지할 수 있는 가장 좋은 속도다.

함께 뛸 사람을 찾는다

배우자나 직장 동료, 동호회 회원들, 비슷한 실력을 가진 사람들과 함께 뛰는 것이 좋다. 마라톤 클럽에 가입하여 마라톤에 관한 조언과 지도를 받는 것도 한 가지 방법이다. 무엇보다 함께 뛰면 혼자 뛰는 것보다 힘도 덜 들고 계속 뛸 가능성이 훨씬 많아진다.

달리는 것에 의미를 부여한다

목표를 세운다. 원대한 목표도 좋지만 그 목표를 이룰 수 있는 작은 목표들부터 설정한다. 급한 마음으로 완주를 꿈꾸기보다는 조금씩 목표를 설정한 후 장기간의 계획을 세워 (한 달 안에 5km 완주, 3개월 후 10km 완주 등) 조금씩 계속해서 연습하는 것이 좋다.

변화를 추구한다

같은 곳에서만 반복적으로 달리다 보면 싫증이 날 수도 있다. 같은 공원이라도 빨리도 뛰어보고, 천천히도 뛰어보고, 더 멀리까지 뛰어보는 것이 좋다. 다른 사람들과 함께 뛰어보기도 하고, 혼자서 다른 길로 뛰어보는 것도 추천한다.

▶ "마라톤 계절, 보폭은 짧게…몸과 호흡은 리듬을 타면서", 〈이데일리〉, 2015년 9월 12일 자

CHAPTER 3

잘 보이는 것에 시간을 쏟고 있지는 않은가

비교성향과 자기평가

[비교성향이 낮은 사람]

타인의 평가가 긍정적이든 부정적이든 크게 영향받지 않고
자기평가 점수가 높은 경향이 있다.

[비교성향이 높은 사람]

타인으로부터 긍정적 평가를 받으면 자기평가 점수가 높지만,
부정적 평가를 받으면 자기평가 점수가 낮아지는 경향이 있다.

당신은 지금 자기 자신을
돌보고 있는가

게슈탈트 선언문

그 누구도 우리 대신 그럴 수 없다.
우리의 지각 작용이 현실의 근간임을 깨닫고 나면,
자신이 창조하는 삶과 자신이 선택하는 세계관을 책임질 수밖에 없다.
나는 내 길을 가고, 당신은 당신 길을 간다.
나는 당신 기대에 맞추려고 이 세상에 있는 것이 아니고,
당신은 내 기대에 맞추려고 이 세상에 있는 것이 아니다.
당신은 당신이고, 나는 나다.
우연히 서로를 이해한다면 더없이 좋으리라.
하지만 그러지 못하더라도 어쩔 수 없다.

게슈탈트 치료를 창안한 심리학자 프리츠 펄스는 현재를 온전히 인식하고 충분히 경험할 것을 강조했다. 편견, 선입견, 환상에 빠져 있거나 과거에 지나치게 집착하거나 미래에 일어날 일을 미리부터 걱정하며 에너지를 낭비할 필요는 없다. 대신 자기 자신 그리고 자신을 둘러싼 세계와 더 많이 접촉하는 데 집중해야 한다. 삶의 경험은 결국 나의 인식이 좌우한다. 즉 선택을 통해 의식적으로 현재의 경험을 바꿀 수 있는 존재는 '지금-여기' 있는 나뿐인 것이다.

나는 지금 건강한 심리 상태를 유지하고 있을까? 살다 보면 이런저런 이유로 마음속에 떠오르는 감정, 욕구, 생각 등을 억누르는 상황이 벌어진다. 이때 제대로 해소되지 못한 욕구는 우리 안에 한(恨)이라는 미해결 과제로 남는다. 누군가에 대한 미움이나 사랑의 감정, 돌이킬 수 없는데 붙잡고 있는 미련이나 후회, 오랜 기간 해결하지 못한 일이나 과제 등등.

　　잊을 만하면 떠오르는 한의 감정을 무작정 억누르거나 회피하면 마음의 병만 깊어진다. 이럴 땐 조금 아프더라도 현재 내 안에 떠오르는 심리 상태를 찬찬히 들여다보면서 해결의 실마리를 하나하나 풀어가야 한다.

게슈탈트 심리치료 자가코칭

● **해야 할 것-요즘 자신이 잘하고 있는 항목 앞에 체크해보자.**

☐ 아무것도 하지 않는다

☐ 지금-여기에 초점을 맞춘다

☐ 실재에 초점을 둔다 (예를 들어 지금 당신은 누구인가? 무엇을 하는가? 등)

☐ 감각에 초점을 둔다

☐ 어떤 경험을 하고 있는지에 초점을 둔다

☐ 상상이 아닌 실제를 경험해본다

☐ 순간에 주의를 기울인다

☐ 항상 현재 자신의 주변에서 어떤 일들이 돌아가고 있는지 자각한다

☐ 감각에 대한 의식의 흐름, 즉 밀물과 썰물을 자각한다

☐ 어떤 저항에도 견디거나 이를 적절하게 다룬다

☐ 내적인 논쟁을 용기 있게 겉으로 표현한다

☐ 자신을 환경에 드러낸다

☐ 받아들이는 자세를 갖춘다

☐ 자신의 본성과 직관을 신뢰한다

☐ 부정적인 것뿐만 아니라 긍정적인 경험도 수용한다

☐ 자신을 표현한다

☐ 자신의 행동, 감정, 생각에 대해 책임진다

☐ 행동에 착수한다

☐ 표현을 최대한 활용한다

☐ 아무것도 하지 않기와 무언가를 하는 것 중에서 선택한다

☐ 솔직해진다

● 하지 말아야 할 것-요즘 자신이 실수하고 있는 항목 앞에 체크해보자.

☐ 과거나 미래에 초점을 둔다

☐ 실재하지 않는, 없는 것을 다룬다

☐ 상상한다

☐ 이유를 따져본다

☐ 가능성이나 추측에 몰두한다

☐ 사건을 이론적으로 개념화한다

☐ 바꾸려고 노력한다

☐ 어떤 모습이 되어야 하는지, 어떤 모습이 될 수 있는지,

    어떤 모습임에 틀림없는지 다룬다

☐ 저항에 반대하고 맞선다

☐ 설명하고 판단하고 정당화한다

☐ '해야만 하는 것'을 강조한다

▶ 출처 I 호 로우 외 지음, 탁진국 외 옮김, 《코칭심리》, 2010년, 학지사

남에게 행복해 보이려 애쓰는 사람들

당신은 언제 진심으로 행복한가? 한국인과 미국인의 뇌 반응을 비교한 흥미로운 실험이 있다. 간단한 카드게임으로 즐거움과 쾌락을 담당하는 '보상 뇌'가 언제 활성화되는지 알아보는 거다. 카드에는 자신이 획득한 이익이 플러스 혹은 마이너스 점수로 표시된다. 이때 자신의 카드만이 아니라 상대방의 점수가 적힌 카드도 함께 보여준다. 어떤 결과가 나타났을까?

미국인의 보상 뇌는 자신이 획득한 점수에만 반응을 보였다. 반면, 한국인의 보상 뇌는 자신의 점수가 상대방의 점수보다 높을 때만 반응을 나타냈다. 자신의 점수가 아무리 높아도 상대방의 점수보다 높지 않으면 반응이 없었다. 즉 점수의 절대값이 높든 낮든, 결과적으로 상대방의 점수보다 높아야만 즐거움을 느끼는 것이다.

사람들은 자기가 행복해지기 원하는 것보다
남에게 행복하게 보이려고 더 애쓴다.
남에게 행복하게 보이려고 애쓰지만 않는다면
스스로 만족하기란 그리 힘이 드는 일이 아니다.
남에게 행복하게 보이려는 허영심 때문에
자기 앞에 있는 진짜 행복을 놓치는 수가 많다.
- 프랑수와 드 라로슈푸코

행복한 사람과 불행한 사람의 비교성향 연구를 보면 행복한 사람은 행복의 기준이 나 자신에게 있다. 반면 불행한 사람은 그 기준이 타인에게 있다. 타인의 평가, 타인과의 비교에 의해 자신의 행복이 좌지우지된다. 내 점수보다 상대방의 점수에 온 신경을 집중하고 있는 한국인들이 불행감을 자주 느낄 수밖에 없는 이유다.

물론 비교성향이 가진 긍정적 효과도 있다. 한국개발연구원KDI의 〈비교성향과 행복〉에 대한 연구를 보면 비교성향이 강할수록 소득수준이 높았다. 그러나 세상에 공짜는 없다. 물질적 우위의 대가는 정신적 만족감의 저하로 나타났다.

비교성향이 강할수록 입원 경험과 음주 비율이 높고

불안감, 스트레스, 우울증, 불면증, 고독감 등이 현저하게 컸다.

비교성향이 강한 사람들은 불행한 이유도 신분 상승의 제약, 경기 침체,

물질적 만족감 저하 등 '상대적 박탈감'에서 찾았다.

- KDI, 〈비교성향과 행복〉 중

최근 10년간 교수, 의사, 회계사, 고위 공무원, 기업체 임원 등 고학력 전문직과 관리직의 자살자 수가 5배 이상 급격히 증가한 원인도 이와 다르지 않다. 경쟁에서 이겨야 한다는 스트레스, 지위 상실에 대한 불안감, 상실 이후 감당해야 할 주변의 시선과 상대적 박탈감이 지속적으로 그들을 괴롭히는 것이다.

오직 타이틀로 자신을 설명하는 사람들

C는 예상치 못한 시기에 명예퇴직을 당했다. 아직 수험생 자녀가 있는데…. 가족에게 사실대로 말하지 못한 그는 출근할 곳이 필요했다. 인터넷을 뒤지다 고용노동부 지원으로 매일 오전에 개설되는 교육을 수강했다. 무뚝뚝한 표정의 그는 간단히 자신을 소개했다. "OO기업 다니다 얼마 전 명예퇴직 했습니다. 잘 부탁합니다." 한동안 C는 말없이 수업을 듣고, 말없이 교실을 빠져나가곤 했다. 그러던 그가 부쩍 밝아진 시기가 있다. 바로 수험생 자녀의 서울대 합격 소식을 전할 때! 수강생들의 축하 속에 처음으로 환한 웃음을 지었다. 그 덕에 어색함이 풀렸는지 그는 기회가 될 때마다 자신의 신변과 관련된 이야기를 들려주었다. 강남에 집이 있고, 동생 부부는 잘나가는 국책 연구원이며, 본인도 기획부서에서 꽤나 잘나갔었다고. 퇴직 이후 아직 정한 일이 없어 지인들 만나는 게 꺼려진다는 속마음, 그래서 창업으로 재기를 꿈꾼다는 향후 계획까지.

대다수의 사람들이 C처럼 준비 없이 '인생 2막'을 맞이한다. 소속과 직책이 사라진 이후의 상실감을 안고서. 그동안은 편리했다. "OO대학 나왔어", "△△회사 다녀", "직책은 □□야"라는 말로 사람들이 내 정체성을 손쉽게 이해해줬기 때문이다. 이런 타이틀은 별다른 부연 설명을 붙이지 않아도 상대방이 알아서 나의 사회적·경제적 지위를 판단하게 도와준다. 이렇게 간편했던 판단 잣대가 사라지면 이제 무엇으로 나를 설명해야 할까?

자기표현에 서툰 우리는 일단 타이틀의 빈자리를 주변 정보로 채운다. 전前 직장, 자녀 자랑, 잘나가는 친지와 친구, 사는 동네와 아파트 평수, 모아놓은 재산, 재기의 가능성 등등. 그러나 이런 내용은 스스로 마음의 위안은 될지언정 상대방에게 나의 정체성을 온전히 전달하는 데는 한계가 있다. 더군다나 주변 정보만으로는 나란 사람의 매력을 전혀 어필할 수 없다.

조직 브랜드보다 개인 브랜드로 살아야 하는 인생 2막에서는 기존과 다른 설명 방식에 익숙해져야 한다. 우선 타이틀에서 벗어나 내가 가진 콘텐츠로 나를 표현할 줄 알아야 한다. "서울대 나와서 SK 다녀요."는 이력에 대한 정보일 뿐 나의 관심사, 보유 역량, 평소 일상에 대해서는 아무런 정보도 제공하지 못한다.

그보다는 "광고홍보 전공 후 SNS 마케팅 업무하고 있어요."가 좀 더 구체적이고 직접적인 정보가 된다. 콘텐츠 중심으로 자신을 설명해야 소속이나 직책에 상관없이 내가 하는 일로 사람들의 관심을 유도해 대화를 이끌 수 있다. 'SK 다니던 그 사람'이 아니라 'SNS 마케팅 전문가 그 사람'으로 상대방의 기억에 남으면 자기 브랜딩의 반 이상은 성공한 셈이다.

주변 정보가 아닌 자기 개성을 드러내는 화법에도 능숙해져야 한다. 집단 문화에 익숙한 우리는 개인의 감정, 흥미, 취향 등을 표출하는 게 어색하기만 하다. 하지만 결국 나를 나답게 만드는 것은 지금-여기에서 나를 구성하는 고유한 특성이다. 어떤 기분인지, 무엇을 좋아하는지 혹은 무엇을 싫어하는지, 무엇을 즐겨하는지, 무엇을 잘하는지 혹은 못하는지, 어떤 이슈에 관심을 두는지, 평소 일상은 어떤지 등등. '재무팀 김부장'에게는 아무런 매력이 없다.

그러나 '주말 아침 테니스 치는 게 낙이고, 아내 생일에 미역국에 도전했다가 맛이 없어 의기소침해진 김부장'에게선 충분히 매력을 느낄 수 있다. 알코올에 의존하지 않아도 스스럼없이 담백하게 때로는 위트 있게 자신의 이야기를 풀어가는 사람에게선 인간적인 매력이 느껴진다. 그런 사람과는 일, 소속, 직책이나 특별한 이해관계가 없어도 대화를 나눌 수 있는 소재가 무궁무진하다.

쇼윈도 뒤에 숨는 사람들

P와 Q는 인생 2막을 외식업 창업으로 선택했다. 두 사람 모두 사무직 출신으로 외식 관련 회사를 다녀본 경험도, 음식을 만들어 팔아본 경험도 없었다. 하지만 열정과 패기로 창업지원센터를 부지런히 쫓아다녔다. 메뉴 개발부터 매장 인테리어까지 창업 컨설턴트의 도

움을 받아 성황리에 개업했다. 이후 끊임없는 메뉴 개발, 적극적인 SNS 홍보로 손님들의 입소문을 탔다. 덕분에 유망 매장으로 창업 잡지에 소개되기도 했다.

그런데 1년쯤 지났을 때 동업을 그만두었단 소식을 들었다. 알고 보니 밤낮없이 일은 고된 반면, 두 사람 인건비 남기는 것조차 어려웠던 것이다. 감가상각을 따지니 초기 투자비 회수도 못하고 그 과정에서 서로 의견 차이가 생겨 감정의 골만 깊어졌다. 적자가 쌓여 대출이자 갚기도 급급한데 P는 혼자서라도 매장을 운영할 생각이다. 지푸라기라도 잡는 심정으로 매일 SNS 홍보에 매진하면서….

"내 사업해야지."

"창업으로 재기할 거야."

많은 사람들이 이런 생각을 가지고 패기 있게 창업과 투자에 뛰어든다. 그러나 창업 성공률은 10~15%. 해당 분야 경험이나 노하우가 없는 초보 창업자의 성공률은 이보다 훨씬 낮다. 창업 전문가들은 실패의 위험을 줄이기 위해 3년의 준비 기간, 그중 1년 동안의 현장 경험이 필요하다고 강조한다. 그런데 대다수 창업자들의 준비 기간은 평균 3~6개월에 불과하다. 왜일까?

일단 마음이 조급하다. 빨리 사장님 타이틀 달고 내 사업한다는 쇼윈도에 서야 하기 때문이다. 그래야 스스로도 뭔가 하고 있다는 안심이 들고 주변 사람들 볼 면목도 생긴다. 예전의 사회적 위신과 체면도 발목을 잡는다. 부장, 차장, 적어도 과장 정도는 달고 살았는데 알바생이나 인턴처럼 현장에서 구를 필요가 있나….

그러나 창업은 누군가에게 보여주기 위한 것이 아니다. 잘하고 있는 것처럼 창업 쇼윈도 뒤에 숨어 있다가 은퇴파산, 황혼이혼, 고독사 등 감당하지 못할 위험에 빠질 수도 있다.

인생 2막은 사회 초년생의 마음으로 준비해야 한다. 과거의 타이틀이나 괜찮은 척하는 쇼윈도에서 벗어나, 내가 원하고 잘할 수 있는 걸 찾아보자. 예상보다 긴 시간이 걸려도 괜찮다. 최소한의 비용으로 여러 번 실험하자. 남은 인생을 이걸 하며 보내도 되겠다는 확신이 들 때까지! 그러려면 타인의 시선, 사회적 잣대에 무덤덤할 수 있는 배짱이 필요하다. 대신 내 인생의 기준을 세워 묵묵히 밀고나가야 한다. 그러다 보면 결국 주변 사람들도 당신의 선택을 응원할 것이다. 필요하다면 도움의 손길도 내밀어줄 것이다.

내세울 타이틀도 보여줄 쇼윈도도 없는 인생의 공백기를 두려워하지 말자. 소속과 직책이라는 타이틀이 사라져도 내 이름 석 자라는 가장 큰 타이틀이 존재하니 말이다. 남들에게 보이는 쇼윈도가 오늘 하루 실제로 나를 채운 경험과 감정을 대신할 수는 없다. 내 모습 그대로 타인과 소통할 수 있을 때 고독에서 벗어나 삶의 충만함을 경험할 수 있다.

나를 가장 빛나게 하는 것

피터 래빗은 100년이 넘는 세월 동안 전 세계인의 사랑을 받아온 캐릭터다. 이 캐릭터를 만든 베아트릭스 포터는 영국 산업혁명기에 신흥 부잣집의 맏딸로 태어났다. 어린 시절 수줍음 많고 조용했던 그녀는 동물들과 이야기를 나누거나 혼자서 그림을 그리는 시간을 좋아했다. 특히 토끼를 좋아해서 산책을 나갈 때마다 목줄을 묶어 데리고 다녔다. 당시로서는 평범한 모습이 아니었기에 지나치는 사람마다 신기하게 쳐다보며 웃곤 했다.

체면을 중시했던 포터의 부모는 엉뚱한 그녀가 늘 못마땅했다. 그 시절 유복한 가정에서 태어난 여성의 1순위 목표는 뼈대 있는 가문의 남자와 결혼하는 거였다. 그런데 포터는 그런 준비에는 전혀 관심이 없었고 오로지 동물과 그림에만 빠져 있었다. 부모와의 관계는 점점 악화되었고, 그럴수록 포터는 자신이 좋아하는 일에 더욱 몰두할 수밖에 없었다.

다행히 그녀의 재능을 알아봐준 사람들이 있었다. 포터는 가정교사의 권유와 출판사 편집장의 도움을 받아 그동안의 글과 그림을 《피터 래빗》이라는 동화책으로 발간했다. 《피터 래빗》은 발간과 동시에 엄청난 판매량을 기록했다. 그리고 그 무렵 포터는 자신을 믿고 지지해준 편집장과 사랑에 빠져 결혼을 약속했다. 그러나 결국 두 사람의 사랑은 부모의 반대로 이루어지지 못했고, 실의에 빠진 포터는 계속 글과 그림 작업에만 몰두했다. 그렇게 돈을 벌어 경제적 자립이 가능해진 포터는 부모의 곁을 떠나 시골로 내려가 농부의 삶을 선택한다. 그녀 나이 마흔의 일이었다.

포터가 새롭게 자리 잡은 레이크 디스트릭트는 아름다운 경관을 지닌 농촌으로 그림의 주요 배경이 되었다. 그녀는 직접 정원과 농장을 가꾸며 작품 활동을 계속했다. 그리고 47세가 되던 해 그녀의 일을 도와주던 지방 변호사와 결혼했다. 부모의 극심한 반대를 무릅쓰고 한 결혼이었다.

이후 산업화 바람으로 레이크 디스트릭트가 개발 위기에 놓였을 때 포터는 지역 인사들과 자연보존 운동인 '내셔널 트러스트 운동'에 동참했다. 30여 년간 주변의 땅과 농장 및 집을 꾸준히 사들여 이 지역이 본래의 아름다움을 유지하도록 하는 데 크게 기여했다. 그녀가 구입한 농장 14곳, 집 20채, 대지 500만 평은 전부 환경단체인 내셔널 트러스트에 기증되었다. 덕분에 지금까지도 100년 전 시골 모습을 그대로 유지한 최고의 자연경관으로 많은 여행객의 사랑을 받고 있다.

포터에게는 으리으리한 저택도, 하인이 딸린 별장도, 화려한 도시의 사교 문화도 큰 의미가 없었다. 그보다는 자신이 좋아하는 풀과 나무, 토끼와 고슴도치, 개구리, 도마뱀, 작은 벌레들과 시간을 보내는 게 훨씬 더 편안하고 행복했다. 이런 그녀가 주변의 시선과 집안의 체면을 의식했다면? 그래서 요조숙녀처럼 행동하며 명문가 출신의 남자와 결혼했다면? 그녀의 삶은 어떻게 달라졌을까?

부모님은 만족했을 것이고, 포터는 남편을 내조하고 아이들을 양육하며 다소곳한 아내로 살았을 것이다. 고급 저택에서 하인들 거느리며 좋은 옷에 좋은 음식을 먹으면서. 하지만 자신이 그토록 사랑했던 동물과 그림은 마음 깊이 묻어야 했을 것이다. 결국 타인은 만족시켰지만, 정작 스스로는 불만족스러운 삶을 살지 않았을까.

손에 흙 묻히며 밭을 일구고 농장에서 양을 치는 시골 아낙네의 모습이 겉으로 보기엔 저택에 사는 마나님보다 초라해 보일지도 모른다. 하지만 포터는 타인의 시선이나 사회적 통념에서 벗어나 자신이 원하는 삶을 선택하고 자기다운 성장을 만들어냈다. 그 점에서 포터는 그 누구보다 빛나고 아름답다.

이와 같은 삶을 위해서는 자신에 대한 확신이 필요하다. 있는 그대로의 나, 나다운 것에 대한 확신. 그래야 타인의 시선에 위축되지 않을 수 있고, 사회적 잣대와 자신을 비교하는 실수를 막을 수 있다. 자신에 대한 확신이 있어야 멋들어진 타이틀이나 쇼윈도가 없어도 불안하지 않을 수 있다.

나다운 것에 대한 확신은 자기표현에서 시작한다. 지금-여기 있는 나의 감정과 경험에 대해 자연스럽게 이야기하는 습관을 기르자. 특정 타이틀이나 쇼윈도 뒤에 숨은 채 아무리 나의 실체를 숨기려고 애써도 결국은 인간관계 속에서 언젠가 다 드러나기 마련이다.

　　지금 당장 남들에게, 스스로에게 좀 없어 보이면 어떤가? 속마음 좀 들키면 어떤가? 꾸미지 말고, 숨기지 말고, 있는 그대로의 나를 표현하자. 오히려 그런 모습에서 사람들은 인간적인 매력을 느끼게 될 것이다. 나다운 것이 실은 가장 빛나는 것이기 때문이다.

CHAPTER 4

다른 사람을 위해
시간을
쏟고 있지는
않은가

부모 노후 생계
- 가족이 돌봐야 한다는 응답 -

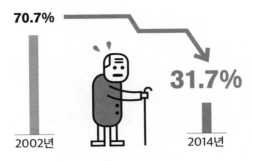

70.7%

2002년

31.7%

2014년

(10여 년간 약 40% 급감)

실버 푸어
- 노후자금이 모자란 이유 -

자녀 뒷바라지 51.7%

자녀 결혼자금 **24.9%**

자녀 교육비 **18.7%**

신혼 주택자금 지원 **8.1%**

출처 | 한국개발연구원, 〈노후보장을 위한 가족, 정부, 사회의 역할〉, 2015년 3월

1인 몇 역까지 가능할까

> **역할갈등**
>
> 한 사람이 동시에 여러 지위를 갖거나
> 한 가지 지위에 동시에 여러 역할이 기대될 때 나타나는
> 역할 모순이나 긴장 상태.

심리학자 도널드 수퍼는 개인이 전 생애에 걸쳐 다양한 역할을 수행하면서 자아 개념을 발달시킨다고 보았다. 그가 꼽은 대표적인 생애 역할은 9가지다. 자녀, 학생, 여가인, 시민, 노동자, 배우자, 가사종사자, 부모, 은퇴자. 각 역할은 가정, 학교, 직장, 지역사회라는 4개의 대표적인 개인극장에서 이루어진다. 역할을 어떤 방식으로 구성하는지, 얼마만큼의 중요도를 부여하는지에 따라 개인의 생활양식이 결정된다.

보통은 한 사람이 동시에 여러 역할을 수행하기 때문에 역할 간에도 상호작용이 일어난다. 새로운 역할이 추가돼 다른 역할 참여가 감소할 때도 있고, 상반된 역할이 동시에 요구돼 갈등이 일어날 때도 있다. 어떤 역할은 다른 역할을 보완하거나 보상책으로 기능하기도 한다.

역할 수행은 개인의 정서와 행동 양식에 지대한 영향을 미친다. 따라서 역할 간 긍정적인 상호작용이 이루어지도록 조정하는 능력이 필요하다. 역할갈등 상황에 지속적으로 노출되면 개인적으로 심리적인 불안을 겪게 된다. 이는 갈등과 연관된 모든 역할 수행에 실패를 가져올 수 있다.

요즘 나는 어떤 역할을 수행 중인가? 각 역할에 얼마의 시간을 투자하고, 얼마나 중요하게 생각하고 있는가? '1인 다역 역할 배정표'를 통해 역할 구성과 배분이 적절한지 점검해보자.

사람이 쏟을 수 있는 관심과 에너지에는 한계가 있다. 당연히 모든 역할을 동시에 완벽하게 수행할 수는 없다. 슈퍼맨처럼 뭐든지 해내려는 욕심을 버려야 오히려 균형 잡힌 역할 수행이 가능하다. 이때 자기 시간 확보는 필수다. 1인 다역 소화에 버거운 나에게 잠시 모든 역할을 내려놓고 자아에 집중할 시간을 배려하는 것이 필요하다.

1인 다역 역할 배정표

● **아래 표에 나의 역할 배정을 적어보자.**

역할 이름	투자 시간	중요도 순위

- **역할 이름**   사소하더라도 맡고 있는 모든 역할을 적는다.
                        역할의 주체인 자신도 포함시킬 것.
- **투자 시간**   일주일 동안 각 역할 수행에 실제로 몇 시간을 투자했는지 적는다.
- **중요도 순위**   자신에게 가장 중요한 역할 순으로 순위를 매긴다.

자랑스럽지 않아도 괜찮다

K는 지방 소도시에서 태어났다. 학창 시절 성적이 우수했던 그는 부모의 기대를 등에 업고 서울 유학길에 올랐다. 그러나 첫 시험 결과 성적이 중위권으로 뚝 떨어졌다. 꾸중 들을 걱정으로 부모님 앞에 성적표를 내밀었다. 그런데 예상과 달리 다음번에 잘하라며 도리어 격려를 해주시는 게 아닌가. 자식 기죽을까 봐 애써 속상한 마음을 감추시는 모습을 보며 그는 다짐했다. 부모님을 위해 더 열심히 공부해서 기대에 부응하겠노라고!

자랑스러운 아들이 되기 위해 K는 매순간 최선을 다했다. 뒤처진 성적을 만회해 서울 소재 중상위권 대학에 입학했고, 졸업 후 곧바로 대기업에 취직했다. 결혼 적령기에 괜찮은 여성을 만나 가정을 꾸리고 아이 둘을 낳았다. 한눈 팔지 않고 열심히 일한 결과 내 집 장만에도 성공했다. 어느새 큰 아이는 대학생, 작은 아이는 고등학생이 되었다. 풍족하지는 않지만 먹고 살기엔 충분하며 50대 중반인 지금도 계속 일하고 있다. 이렇게 정신없이 살던 중에 아버지 장례를 먼저 치렀다. 그리고 얼마 전 홀로 남았던 어머니도 세상을 떠났다. 상주 자리를 지키며 K는 어머니의 영정사진을 물끄러미 바라봤다.

'어머니 아버지한테 자랑스러운 아들이 되려고 열심히 살았는데…
어머니 보시기엔 어때요? 부끄럽지 않은 아들 정도는 되나요?'

양친을 보내고 허한 마음을 달래던 그는 어느 날 저녁 두 아이에게 그간 고민해온 속마음을 꺼내놓았다.

"아빠는 지금까지 할아버지 할머니한테 자랑스러운 아들이 되려고 정말 열심히 살았어. 그 덕에 집도 장만하고 너희도 잘 키울 수 있었던 거야. 갑자기 두 분 다 떠나고 생각했지. 이제 남은 인생을 어떻게 살까. 그런데 너희 둘이 딱 떠오르더라.
앞으로는 너희들한테 자랑스러운 아버지가 되기 위해 더 열심히 살 거야. 아빠도 계속 노력할 거니까 너희 둘도 엄마 아빠 위해서 자랑스러운 아들딸이 되면 좋겠어."

K는 사랑과 기대가 가득 담긴 눈빛으로 두 아이를 바라봤다. 이 아이들 나이 때 품었던 다짐대로 열심히 살아온 지난날이 주마등처럼 스쳐갔다. 그런데.

"아빠 뭐야, 부담스럽게…. 꼭 자랑스럽지 않아도 난 괜찮은데?"
"그동안 할아버지 할머니나 저희들 때문에 힘들게 살았잖아요. 이제 아빠를 위한 인생을 사세요. 우리 인생은 우리가 알아서 잘할게요."

오랜만에 동창모임에 나간 K는 이런 사연을 하소연하며 술잔을 기울였다.

"그 말에 말문이 막혀서 아무 대답도 못했다니까. 내가 지금까지 누구 때문에 열심히 살았는데… 지들 먹이고 입히고 재우고 가르치느라 뼈 빠지게 고생한 걸 아느냔 말이지. 엄청 섭섭하더라고.

그래서 '에라 모르겠다. 나도 이제 내 맘대로 살 거다.' 결심했지. 홧김에 결심은 했는데, 당장 나를 위해 뭐부터 어떻게 해야 할지 아직도 잘 모르겠어."

역할놀이에서 빠져나와도 좋다

나에게 주어진 다양한 역할을 균형 있게 인식하지 못하고 특정 역할에 함몰되면 역할의 주체인 자신을 잃기 쉽다. 마치 연극배우가 배역에 지나치게 몰입한 나머지 작품이 끝난 후에도 배역의 감정에 끌려다니는 후유증을 겪는 것과 비슷하다. 실제로 할리우드 배우들은 작품 종료 후 정신과에서 치료받는 걸 자연스럽게 여긴다. 역할과 나를 분리해 정상적인 생활을 유지하기 위해서다.

생애 역할도 마찬가지다. 삶에서 주어진 역할이 곧 나를 말하는 건 아니다. 아들, 딸, 아버지, 어머니, 스승, 제자, 선배, 후배, 고용주, 고용인, 여가인, 종교인, 시민 등 다양한 역할의 존재 이유는 오로지 자아의 성장을 돕기 위해서다. 따라서 모든 역할 수행에 앞서 최우선적으로 돌봐야 할 대상은 자기 자신이다. 역할의 주체인 자아가 건강해야 각각의 역할을 성공적으로 컨트롤할 수 있다.

그동안 열심히 살아온 K를 나무랄 수는 없다. 다만, 누군가를 위한 삶 이전에 자신을 위한 삶의 모습을 먼저 정립할 필요는 있다. 전자든 후자든 살아가는 방식은 비슷할지도 모른다. 꼭 부모나 처자식 때문이 아니더라도 스스로를 위해 열심히 공부하고 일하기도 하니까. 그러나 나를 위해 열심히 한 것과 남 때문에 열심히 한 것의 심리적 차이는 크다. 누군가를 위해 열심히 산 사람은 상대방이 그 노력을 몰라줄 때 상실감에 빠질 위험이 있다. 특히 부모, 자녀, 형제와 같은 생득적 역할, 즉 개인의 의사나 능력과 상관없이 선천적으로 부여되는 역할 관계에서 이런 현상이 빈번하게 일어난다. 운명과 핏줄로 엮인 가족 관계에서 자신을 역할로부터 분리하는 게 쉬운 일이 아니기 때문이다.

요즘 드라마에 '자아 찾기'에 나선 아버지나 어머니 혹은 남편이나 아내의 모습이 종종 등장한다. 주인공들은 주로 가족을 위해 한평생 몸과 마음을 다 바쳐 헌신한 사람들이다. 그런데 돌아오는 것은 가족들의 무관심과 무시뿐이다. 왜일까? 그동안 편하게 막 대해도 변함없이 가족을 위해 사랑과 헌신을 베푸는 사람처럼 인식되었기 때문이다. 이런 인식이 오랜 기간 반복되면 역할 관계로 굳어져버린다. 그래서 가족 중 어느 누구도 주인공을 함부로 대하는 걸 자각하지 못한다.

잘못된 역할 관계 속에서 희생을 감수하던 주인공은 사고 또는 죽음과 같은 극한의 상황에 처해서야 자신의 삶을 돌아본다. 그리고 깨닫는다. 자신이 무엇을 놓치고 살았는지, 그로 인해 소중한 사람들과의 관계가 어떻게 왜곡됐는지. 그제서야 가족들에게 외친다. "내 인생을 찾겠다!"라고. 주인공이 원하는 걸 말하고 자기 뜻대로 행동하는 모습에 가족들은 사람이 변했다며 원망한다. 그러나 시간이 흐르면서 오히려 주인공의 말에 귀를 기울이고 그의 행동에 관심을 보인다. 그러면서 알게 된다. 주인공이 가족들에게 얼마나 소중한 존재인지를. 그리고 그 소중한 존재에게도 자기만의 삶이 있다는 것을.

이런 세태가 드라마에만 국한된 건 아니다. 술잔을 기울이던 K는 평소 아들과 친구처럼 지낸다는 동창 L의 이야기를 들었다. 대학생 아들이 연애, 진로 등 인생 상담을 요청할 정도로 둘의 관계는 돈독했다. 자신이 L보다 자녀 사랑이 부족한가? 소통 능력이 떨어지나? L의 아들이 마마보이는 아닐까? 엄청난 비결을 기대하며 물었지만 L의 대답은 의외로 간단했다.

"비결 같은 거 없어. 대신 어릴 때부터 확실히 알려준 건 있지. 너한테 네 삶이 소중하듯 엄마한테도 엄마 삶이 소중하다고. 말만이 아니라 행동으로도 보여줘야 해. 엄마 아빠도 각자의 삶이 있다는 걸."

자신만의 삶이 있어야 누구든 그것을 존중할 수 있다. 자신만의 삶이 없으면 사람들은 무엇을 존중해야 할지 알지 못한다. 부모와 자녀 관계에서도 마찬가지다. 개인의 삶이 인정돼야 서로의 관계를 종속이나 간섭, 부담으로 느끼지 않는다. 성인이 된 아들이 어머니와 허심탄회하게 인생 이야기를 나눌 수 있는 건 인격체 대 인격체의 만남이 가능하기 때문이다. 나에게 명확한 자기인식과 삶의 방향성이 있을 때 비로소 상대방은 나를 존중해야 할 인격체로 대한다. 자아개념이 뚜렷한 사람일수록 다양한 역할 관계에서 독립적·능동적 위치를 잃지 않는 이유다.

빡빡한 역할 자리, 쉼표가 필요하다

금융권 대기업 본사에 근무하는 M부장. 오늘도 여느 때처럼 부서 직원들과 야근 식사를 하러 나왔다. 회사 주변 맛집 이야기를 하던 중 그는 젊은 시절 에피소드를 무용담처럼 꺼내놓았다. 그가 과장이던 무렵이었다. 업무가 너무 많아 아무리 야근을 해도 시간이 부족했다. 고민 끝에 출퇴근 시간을 아끼기로 마음먹고 회사 근처에 원룸을 잡았다. 도시 외곽에 있는 집까지 가면 어차피 하숙생처럼 잠만 자고 나오는 상황이라 아내와 아이들도 마지못해 이해해주었다. 일을 위해 혼자 나와 살만큼 열정적이긴 했지만, 퇴근 후 아무도 없는 작은 방으로 돌아가는 게 정말 싫었다. 그 덕에 회사 근처 맛집을 전부 섭렵하게 됐다는 웃어야 할지 울어야 할지 모를 에피소드였다. 다들 어떤 반응을 보여야 할지 난감한 가운데, M부장은 "그래도 요즘은 예전만큼 바쁘진 않다. 집에는 갈 수 있지 않느냐."며 너스레를 떨었다.

M부장 옆에서 어색한 미소를 지으며 조용히 밥을 먹던 N과장의 생각은 사뭇 달랐다. '나는 그렇게 살지 말자.'라는 다짐이 계속 그의 머릿속을 맴돈다. 남들이 부러워하는 대기업 본사에서 근무하지만 조만간 지사로 내려갈 궁리 중이다. M부장은 승진하려면 업무 강도를 높이고 회사에 헌신해야 한다고 강조하지만, 그것이 N과장이 목표한 바는 아니다. 오히려 지사에 가면 그의 전문성을 살리면서도 일 이외에 자기 시간을 확보할 수 있다. 하나뿐인 딸과 더 많은 추억을 만들고 싶고, 좋아하는 운동도 하고 싶고, 은퇴 후 준비를 위한 자기계발 시간도 갖고 싶다. 비록 오늘도 막차가 끊기기 전에 야근을 마쳐야 한다는 압박에 시달리고 있지만, 앞으로의 계획을 되새기며 심기일전해본다.

N과장처럼 회사 이전에 자신을 먼저 돌보려는 생각은 지극히 정상이다. 개인의 삶에서 회사란 수많은 역할 공간 중 한 곳에 불과하니까. 물론 M부장처럼 조직을 위해 몸 바쳐 일하는 것이 미덕으로 여겨지던 시절도 있었다. 그런 사람들이 우수한 인재라는 평가를 받

으며 후배들의 롤모델이 되곤 했다.

　　그러나 요즘 세대는 생각이 다르다. 정년이 짧고 은퇴 후 삶이 길어진 이들은 회사에만 올인 한다고 해서 자신의 미래를 보장받는 것은 아니라는 현실을 깨달았다. 더군다나 개성과 다양성을 존중받고 자란 신세대는 집단과 질서를 강조하는 구세대에 반발심을 느낀다. M부장처럼 개인을 희생해 조직에 헌신하라고 요구하는 사람들은 점차 조직 내에서 설 자리를 잃어갈 것이다. 젊은 세대로부터 '꼰대', '개저씨'로 폄하되지 않으려면 앞으로는 조직 가치 이전에 개개인의 가치를 먼저 배려할 줄 알아야 한다. 자신의 삶을 존중받은 개인만이 자발적으로 역량을 발휘하여 회사의 장기 파트너로 남을 것이다.

　　자신과 역할을 구분 짓는 것이 맡은 역할에서 해야 할 도리를 소홀히 하라는 의미는 아니다. 다만, 적어도 도리를 다하느라 자신을 잃어버리는 실수는 막아보자는 뜻이다. 무언가를 위해 일평생 헌신해도 자신을 잃거나 스스로를 소중히 대하지 않으면 이제껏 헌신해 온 그 대상 역시 나를 소중히 여기지 않는다.

- 요즘 자신을 위해 무엇을 하고 있는가?
- 오로지 자신을 위해 투자하는 시간과 비용은 얼마나 되나?
- 자신을 위해 앞으로 무엇을 할 계획인가?

이 질문에 답하기 위해 모든 역할을 던져버리고 순수하게 나로 돌아가는 쉼표가 필요하다. 한 달에 한 번, 여의치 않다면 분기에 한 번이라도 혼자만의 시간을 억지로 만들어보자. 짧은 여행을 떠나도 좋고, 조용한 카페에 앉아 차를 한잔 마셔도 좋다. 가장으로서, 업무 책임자로서, 동호회 총무로서 해야 할 일들은 모두 접어두고 자연인 '나' 하나에만 관심을 쏟아보자. 자문자답의 결과가 스스로 만족스럽다면 다음 쉼표를 기약하며 다시 역할 수행의 일상으로 돌아와도 좋다.

CHAPTER 5

완벽을 기하는 데 시간을 쏟고 있지는 않은가

세계웰빙지수

- 한국인이 느끼는 삶의 질 만족도 -

145개국 중 **117위**

삶의 목표 실현	사회적 관계	경제 상황	공동체 안전 및 자부심	건강과 의욕
96 위	**112** 위	**53** 위	**113** 위	**138** 위

긍정경험지수

- 한국인이 느끼는 행복의 수준 -

143개국 중 **118위**

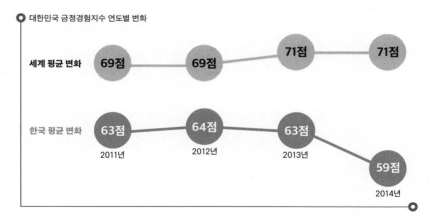

대한민국 긍정경험지수 연도별 변화

세계 평균 변화

69점 — 69점 — 71점 — 71점

한국 평균 변화

63점 — 64점 — 63점 — 59점

2011년 — 2012년 — 2013년 — 2014년

출처 | 갤럽·헬스웨이스, 〈세계웰빙지수〉

완벽한 선택 VS 괜찮은 선택

완벽주의

모든 일을 완벽하게 해내야 한다는 생각.
이로써 자신에게 돌아올 비난이나 비평을 면하려는 방어 심리가
내재돼 있음.

세상에는 두 가지 유형의 사람이 있다. 최대추구자와 만족추구자. 전
자는 완벽한 선택을 원한다. 시간이 걸리더라도 가능한 모든 옵션들
을 꼼꼼히 확인해야 직성이 풀린다. 후자는 이 정도면 괜찮다고 생각
되는 선택을 원한다. 최소한의 필요조건만 충족되면 재빨리 결정을
마친다.

나는 어떤 유형의 사람일까? 사회심리학자 배리 슈워츠가 제시
한 '완벽주의 테스트'로 자신의 선택 성향을 알아보자. 점수를 합산했
을 때 65점 이상이면 최대추구자, 40점 이하면 만족추구자에 속한다.
보통은 중간점수가 나온다. 대다수의 사람들은 선택의 내용과 상황
에 따라 어떤 선택에서는 최대추구 성향을, 또 다른 선택에서는 만족
추구 성향을 나타내기 때문이다.

완벽주의 테스트

● 아래 항목에 대해 전혀 동의하지 않으면 1점, 매우 동의하면 7점까지 점수를 매기자.

(   ) 내 직업에 만족하더라도 더 나은 기회를 찾으려 한다

(   ) 자동차 안에서 라디오를 들을 때, 대체로 만족스러워도 더 좋은

        방송이 나오는지 다른 채널을 틀어본다

(   ) 특정 TV 프로그램을 볼 때 채널을 돌리며 다른 대안이 있는지 살핀다

(   ) 많은 사람들을 만나보고 완벽하게 맞는 배우자를 고르려 한다

(   ) 친구에게 줄 선물을 고르는 데 종종 애를 먹는다

(   ) IP TV에서 가장 좋은 영화를 찾으려 노력한다

(   ) 마음에 꼭 드는 옷을 쇼핑하는 데 어려움을 느낀다

(   ) 최고의 영화, 최고의 가수, 최고의 소설 등 순위 매기는 걸 좋아한다

(   ) 간단한 편지를 쓸 때도 초안을 여러 번 작성한다

(   ) 차선책에는 결코 만족하지 않는다

(   ) 선택에 직면할 때마다 모든 가능성을 고려하고, 그 당시에 존재하지 않는

        가능성까지도 상상해본다

(   ) 현재 생활과 전혀 다른 방식의 삶을 자주 꿈꾼다

(   ) 무엇을 하든 스스로에게 가장 높은 기준을 적용한다

행복은 어디에 있는가

한국은 불행한 나라라고 말해주는 객관적 지표가 연일 쏟아져 나온다. 관련 내용만 모아 보면 '헬조선'만큼 적절한 표현도 없는 것 같다. 아니나 다를까. 개인의 주관적 감정을 측정하는 지표에서도 한국은 최하위권에 머물렀다. 세계웰빙지수는 개인이 느끼는 삶의 질에 대한 만족도를 측정하는데 한국은 145개국 중 117위에 머물렀다. 개인이 느끼는 행복의 수준을 측정하는 긍정경험지수에서는 143개국 중 118위를 차지했다.

- GDP 대비 복지예산 비율 (28위/ 28개국)
- 국민행복지수 (33위/ 34개국)
- 아동의 삶의 만족도 (60.3점/ 100점 만점)
- 부패지수 (27위/ 34개국)
- 세금이 소득불평등을 개선하는 효과 (27위/ 27개국)
- 출산율 (28위/ 28개국)
- 노조 조직률 (28위/ 30개국)
- 평균 수면 시간 (24위/ 24개국)
- 성인의 학습의지 (23위/ 23개국)
▶ "한국이 OECD 꼴찌 차지한 분야 9개", 〈허핑턴포스트〉, 2015년 2월 6일 자

역시 한국인은 불행한 사람들이 맞나 보다. 그렇다면 행복한 사람들은 어디에 살고 있을까? 1위 국가를 찾아봤다. 세계웰빙지수에

서는 파나마, 긍정경험지수에서는 파라과이가 1위다. OECD는커녕 후진국에 속하는 나라들이었다. 이곳 사람들이 세계에서 가장 행복하다고? 대체 어떤 질문을 했기에 그들은 행복하다, 만족한다고 답했을까?

세계웰빙지수 조사 문항
- **인 생 목 표** 일상을 즐기며 목표 실현을 긍정적으로 보는가?
- **사 회 관 계** 삶에서 타인의 지원 및 유대 관계를 가지고 있는가?
- **경 제 상 황** 경제적인 불안보다 안정을 느끼는가?
- **지 역 사 회** 살고 있는 지역사회에 자부심을 느끼며 안전하다고 생각하는가?
- **건 강 상 태** 육체적으로 건강하며 일상생활을 유지할 만한 에너지가 있는가?

긍정경험지수 조사 문항
- 어제 편히 쉬었는가?
- 어제 하루 존중받았는가?
- 어제 많이 미소 짓고 많이 웃었는가?
- 어제 재미난 일을 하거나 배웠는가?
- 어제 즐거운 일이 많았는가?

두 지수 모두 일상의 경험과 감정을 묻고 있다. 선진국이든 개발도상국이든 어디에 사는 누구라도 매일매일 겪어내는 평범하고 지극히 주관적인 일상 말이다. 산업화의 때가 덜 묻고 낙천적인 민족성을 지닌 중남미 나라 사람들에게 유리한 질문일 수 있다. 객관적인 비교와 상관없이 내가 행복하다고 느끼면 그것이 바로 행복이니까.

이러한 주관적 인식 차이는 경제 상황에 대한 한국인과 파나마인의 응답에서 좀 더 분명하게 드러난다. 세계웰빙지수에서 한국인은 경제 상황에 그나마 가장 긍정적인 답변을 했다(53위). 그 외 다른 항목들은 모두 100위 이하로 떨어진다. 반면, 파나마인은 경제 상황에 가장 부정적인 답변을 했다(30위). 나머지 항목은 1위 아니면 2위다. 가장 긍정적인 답변이 53위, 가장 부정적인 답변이 30위. 물론 경제 발전도나 생활수준 면에서 한국이 파나마보다 우위를 점한다는 건 객관적 지표가 이미 알려주는 사실이다. 그런데도 파나마인은 행복하고, 한국인은 불행하다. 행복과 만족이 쉽지 않은 건 이처럼 지극히 주관적인 감정에 좌우되기 때문이다.

완벽하지 않은 것에 가능성이 있다

완벽한 선택을 원하는 최대추구자와 괜찮은 선택을 원하는 만족추구자. 둘 중 누가 더 행복할까? 심리학 교수였던 배리 슈워츠는 답을 찾기 위해 졸업생들의 취업 패턴을 관찰했다. 최대추구 성향을 지닌 학생들은 만족추구 성향을 지닌 학생들보다 좋은 회사에 취직했다. 초봉도 평균 20%가량 높았다. 그런데 일자리 만족도는 최대추구자가 만족추구자보다 낮았다.

이러한 차이가 나타나는 이유는 단순했다. 최대추구자는 좋은 선택을 하고도 만족하지 못했다. 반면 만족추구자는 일단 좋은 선택을 하면 후회하지 않았다. 동일한 조건에서도 최대추구자는 만족추구자에 비해 우울한 감정을 더 많이 느꼈다. 그만큼 삶의 만족도도 떨어지는 모습을 보였다. 아무리 좋은 상황에서도 최대추구자는 불행의 지점을 찾아내고, 아무리 힘든 상황에서도 만족추구자는 행복의 지점을 찾아낸다.

P는 어릴 때부터 40대 초반인 지금까지도 집안 어른들로부터 귀가 따갑게 듣는 말이 있다. "너는 돈복을 타고 나서 조금만 노력하면 큰 사람이 될 거다." 구체적 논리나 과학적 근거가 있는 건 아니다. 돈복이 있어 사업하면 대성한다는 역학자의 사주풀이에 기초한 믿음 내지는 바람일 뿐.

미용을 전공한 그는 전문대 졸업 후 곧바로 헤어 디자이너로 취업했다. 막내지만 집안에 금전적 문제가 생기면 뒷바라지 역할을 도맡았다. 그러면서도 착실히 돈을 모아 자기 이름을 건 헤어숍을 오픈했다. 집안 어른을 비롯한 주변의 기대는 엄청났다. 사업을 시작했으니 성공하는 건 시간문제라고 철썩 같이 믿는 분위기였다.

그러나 착실함과 헤어숍 경영은 별개의 문제였다. 홍보, 고객서비스, 매출 관리, 시설 리모델링 등 신경 쓸 일이 한두 가지가 아니었다. 더군다나 성격이 다소 무뚝뚝한 그에게 고객 관리, 직원 관리는 엄청난 스트레스로 다가왔다. 결국 2년 남짓 운영하다 폐업하고 브랜드 헤어숍에 재취업했다.

창업 스트레스에서 벗어난 그는 한결 안정된 마음으로 일에 집중할 수 있었다. 그런데 볼멘소리로 이러쿵저러쿵 입방아를 찧어대는 주변 사람들이 문제였다. 사업해야 할 사람이 왜 남의 밑에서 일하느냐, 돈복을 타고났는데 왜 노력을 안 하느냐, 성공하려면 그릇이 커야 한다 등등 꾸짖거나 핀잔주는 말뿐이었다. 그들에게 P의 의사는 전혀 고려 대상이 아니었다.

주변의 성화에 못 이겨 준비되는 대로 다시 창업하겠다고 대답은 하지만 솔직히 골치가 아프다. 자기가 사업을 정말 원하는 건지, 사업이 체질에 맞는 건지조차 스스로도 확신이 서질 않아서다. 사실 헤어숍 월급만으로도 생활하는 데 큰 지장은 없다. 차근차근 저축한 돈으로 얼마 전 경기도에 작은 아파트도 장만했다. 그런데도 시간이 흐를수록 주변의 기대에 부응하지 못하는 자신이 한심하고 초라하게 느껴진다.

개인의 성향과 상관없이 사회는 자꾸만 최대추구자로 살 것을 강요한다. 최대추구 성향을 가진 사람은 주변에서 제시하는 높은 기준 때문에 가뜩이나 우울한 삶이 점점 더 불행해진다. 만족추구자도 종종 혼란을 느낀다. 자신의 만족 지점에 머물면 사회가 무능하고 나

태한 사람으로 몰아가기 때문이다. 1등, 최고, 최우수, 상위 1%의 결과가 만인이 원하는 성공과 행복의 모델인 것처럼 과대 포장돼 있다. "부러우면 열심히 살아라. 열심히 살면 너도 성공할 수 있다. 성공하면 행복은 자연스럽게 따라온다."

하지만 타인의 삶이 부러워진 순간 행복감은 사라지고 불안감이 엄습한다. "내가 우물 안 개구리였나?" "나만 너무 뒤처진 게 아닐까?" "적어도 쟤보다는 내가 더 잘 살아야지." 불안감은 삶을 바라보는 시야를 좁게 만든다. 더 이상 내가 무엇으로 행복해지는지 궁리하지 않는다. 대신 당장 눈에 보이는 겉보기 등급으로 타인과 나를 비교해 내 삶이 좀 더 완벽하다는 걸 증명하려 애쓴다. 그러나 완벽함으로 A를 꺾으면 곧이어 B가 나타나고, B를 이기면 C가, 그 다음에는 D가 나타난다. 이렇게 최대추구 문화가 제시한 완벽의 허상을 쫓는 사이 일상에서 느끼는 행복감은 야금야금 사라져간다.

80%에서 멈추는 것도 능력이다

경허 선사가 설법을 위해 동학사에 갔을 때다. 앞 순서의 강사 스님이 대중에게 타이르듯 이 부분을 강조하고 있었다. "나무는 비뚤어지지 않고 곧아야 쓸모가 있습니다. 그릇도 찌그러지지 않고 둥글어야 쓸모가 있지요. 마찬가지입니다. 사람도 마음이 불량하지 않고 착하고

91

정직해야 쓸모가 있는 것입니다." 당연히 옳은 이야기였다.

그러나 경허 선사는 사람들이 누군가 정해준 기준에 따르기보다 각자 자신의 가치를 깨닫기를 바랐다. "서울로 가는 길은 여러 갈래가 있습니다. 이 길, 저 길 알아두었다가 자기에게 맞는 길을 택하세요." 삶의 선택권을 나 자신에게 넘겨주는 것. '잘났다, 못났다' 구분하는 외부의 기준이 아닌 스스로의 가능성과 쓰임을 찾아내는 내부의 기준이 성불의 핵심이었다.

> 비뚤어진 나무는 비뚤어진 대로 쓸모가 있고,
> 찌그러진 그릇은 찌그러진 대로 쓸모가 있으며,
> 불량하고 성실치 못한 사람도 그대로 착하고 성실함이 있다.
> 이 세상 만물이 다 귀한 것, 모두가 부처다.
>
> - 경허 선사, 월간 〈불광〉 351호 중

누구나 처음 시작은 행복을 위해서였다. 지금보다 조금 더 열심히 일하면 남들보다 조금 더 높은 자리에서, 조금 더 많은 연봉을 받을 수 있다. 남들보다 조금 더 스펙 좋은 배우자를 만나고 조금 더 큰 평수의 집을 장만해야 한다. 빚을 져서라도 교육에 조금 더 투자하면 내 아이는 나보다, 남들보다 조금 더 성공한 삶을 살 수 있다. 조금 더 비싸고 화려한 물건을 구매하면 남들보다 조금 더 품위 있어 보일 것이다. 물론 외부의 기준에 맞추려는 노력이 무조건 나쁜 것은 아니다.

다만, 그 기준에는 나의 가치나 한계가 전혀 반영돼 있지 않다는 것이 문제다. 더욱이 그 안에서는 내 삶의 의미와 행복의 기준도 찾아볼 수 없다.

스스로에 대해 얼마나 알고 있는가? '나를 안다'는 것에는 자신의 장점뿐만 아니라 한계도 포용한다는 의미가 담겨 있다. 당신은 신도 아니고 영화 속 슈퍼히어로도 아니다. 절대로 완벽할 수 없다. 한계를 가진 것이 당연하다. 따라서 매사에 내가 가진 에너지의 100%를 투입한다는 자세로 임하는 강박을 버리자. 자신이 가진 능력이나 자원의 70~80%만 사용해도 일상의 대부분을 큰 무리 없이 살아갈 수 있다.

세 번씩 하던 오타 수정을 두 번으로 줄인다고 해서, 세 군데씩 보내던 학원을 두 군데로 줄인다고 해서 인생에 엄청난 타격이 오는 것은 아니다. 내 삶에 무리가 되거나 감당할 수 없는 부분은 과감하게 포기하고 후회하지 않는 것도 출중한 능력 중 하나다.

그렇다면 이제 남은 에너지는 어디에 쓸까? 무엇이 나에게 행복감을 주는지 궁리하자. 사회적 잣대로 평가받는 외적 기준은 어쩌다 한 번 내 어깨를 으쓱하게 해줄지도 모른다. 그러나 일상에서 느끼는 주관적 행복의 기준은 기쁠 때나 슬플 때나 자아를 지탱하는 뿌리가 되어준다.

인생의 목적이 무엇인가? 그 목적에 부합한 일상을 살고 있는가? 힘들 때 의지할 가족이나 친구가 있는가? 우리 동네는 안전한가? 정신적·육체적으로 건강한가? 충분한 휴식을 취했는가? 사랑과 존중을 받고 있는가? 많이 웃었는가? 재미난 일을 배웠는가? 즐거운 일이 많았는가?

　　행복의 경험과 감정은 지극히 주관적이라 오히려 한계가 없다. 내가 완벽한 행복이라고 느끼면 그 자체로 완벽할 수도 있다. 이런 무한대의 속성으로 인해 어려울 때마다 살아갈 힘이 돼주고, 내가 가야할 삶의 방향을 알려주기도 한다.

PART 2
삶을 조망하는 시간

·

셀프 플래닝
SELF PLANNING

·

CHAPTER 1

크게 보고,
작게
움직여라

균형 BALANCE
- 관계, 성취, 여가가 조화를 이루는 삶 -

관계   성취   여가

시야를 넓히면 꿈의 범위가 달라진다

존 고다드

**부자도, 권력가도, 유명인도 아닌 40대 후반의 평범한 아저씨.
127개에 달하는 꿈의 목록을 거의 다 이뤄냄.**

꿈은 뭔가 거창한 것을 이루는 것이다? 꿈을 적으라고 하면 10가지 이상 떠오르지 않는다?

그런 당신에게 존 고다드의 '127가지 꿈의 목록'을 추천한다. 남들 눈에 사소하고 엉뚱해 보여도 좋다. 내가 원한다면 그 꿈은 소중하고 특별해진다. 구체적일수록 좋다. 그래야 현실화가 쉬워지니까. 한 번도 해보지 않은 것, 해볼 생각조차 안 한 것, 내 성향이 아닌 것들도 꿈의 목록에 포함시키자. 재미있고 엉뚱한 꿈이 현실의 틀에 갇혀 있는 나에게 다른 차원의 가능성을 열어줄 것이다.

꿈을 가시화하면 더 많은 기회가 보인다. 기회를 잡으면 더 많은 경험이 남는다. 경험이 쌓이면 또 다른 꿈을 꿀 수 있다. 당신의 꿈의 목록은 무엇인가? 그 목록이 당신의 인생 2막에 새로운 가능성을 열어줄 것이다.

존 고다드의 127가지 꿈의 목록

탐험할 장소

1 이집트 나일강

2 남미 아마존강

3 중부 아프리카 콩고강

4 미국 콜로라도강

5 중국 양쯔강

6 베네수엘라 오리노코강

7 니카라과 리오코코강

8 서아프리카 니제르강

원시 문화 답사

9 콩고

10 뉴기니섬

11 브라질

12 인도네시아 보르네오섬

13 북아프리카 수단

14 호주

15 케냐

16 필리핀

17 탄자니아

18 에티오피아

19 나이지리아

20 알래스카

등반할 산

배워야 할 것들

사진 촬영

수중 탐험

여행할 장소

● 내 꿈의 목록을 적어보자

여행의 종착지는 생각보다 멀지 않다

서울 S병원 호스피스에는 소원 성취 프로그램이 있다. 죽기 전, 환자가 꼭 하고 싶은 일을 이루도록 돕기 위해서다. 죽음을 앞둔 이들은 어떤 소원을 빌까?

> "제 딸이 곧 결혼합니다.
> 휠체어 타기도 어려울 만큼 몸이 힘들지만,
> 딸을 위해 폐백을 해주고 싶어요."

> "결혼한 지 4년인데, 먹고살기 바빠서
> 한 번도 제대로 된 데이트를 해본 적이 없습니다.
> 아내와 함께 바닷가를 거닐며
> 데이트다운 데이트를 해보고 싶어요."

> "추억을 남겨주고 싶어요.
> 제가 손수 저녁식사를 준비해
> 초등생 아들과 아내를 초대하고 싶습니다."

당신에게 허락된 삶의 시간은 얼마나 될까? 30년? 50년? 어쩌면 지금까지 살아온 시간보다 앞으로 살아갈 시간이 더 짧을지도 모른다. 자신의 의지와 상관없이 우리는 매일같이 종착지를 향해 나아 간다. 남은 시간이 얼마든 누구나 시한부 인생인 것이다. 앞으로 남 은 몇 십 년이 우리에게 주어진 시간의 전부다. 정해진 그 기간 안에 당신은 어떤 기억을 가장 많이 남기고 싶은가?

꿈은 일상에서 소소하게 이루어진다

미국 〈라이프〉 지에 "꿈을 성취한 미국인"으로 대서특필된 사람이 있 다. 존 고다드. 그는 부자도, 권력가도, 유명인도 아닌 40대 후반의 평 범한 아저씨였다. 물론 127개에 달하는 꿈의 목록을 거의 다 이뤄낸 점만 뺀다면.

그가 15세 때 만든 꿈의 목록에는 광범위한 영역의 다채로운 소원들이 빼곡히 적혀 있었다. 결혼해서 아이 갖기, 검도 배우기, 1분 에 50타자 치기, 몸무게 80kg 유지하기 같은 소소한 일상의 소원들. 명곡과 명저 섭렵, 전 세계 고산과 오지 탐험 같은 도전적인 소원들. 독사에서 독 빼내기 같은 엉뚱한 소원과 달을 여행하겠다는 불가능 해 보이는 소원까지.

이런 리스트를 만들게 된 계기는 우연히 찾아왔다. 그것은 바 로 아버지의 친구가 어린 그를 보며 넋두리하듯 던진 한마디 때문이었다. "네 나이 때 하고 싶었던 것들을 하지 못한 게 이제 와서 후회가 되는구나." 이 말이 어린 고다드에게 인상 깊게 다가왔다. '나는 그렇게 살지 말아야지!' 그때부터 작은 수첩에 죽기 전에 하고 싶은 일들을 쓰기 시작했다. 글로 적기 전에는 그런 생각들이 머릿속에서 환상으로만 맴돌기 때문이다. 127개의 꿈은 마흔 중반에 이르러 400여 개로 늘어났다. 그리고 그중 대부분을 실제로 실행에 옮겼다.

하늘을 나는 법을 배우겠다는 꿈을 이루기 위해 전투기 조종을 배워 실제로 전투기를 몰았다. 카약 하나에 의지한 채 세계에서 가장 긴 나일강을 탐험한 첫 번째 인물로 기록되었다. 마테호른, 후지산 등 세계 곳곳의 고산 등반에도 성공했다. 셰익스피어, 플라톤, 디킨스, 루소, 베이컨, 헤밍웨이 등 역사적인 철학자와 작가들의 고전역시 섭렵했다. 그리고 불가능해 보였던 달 여행의 꿈마저도 이뤄냈다. 1980년 우주비행사가 되어 달 착륙에 성공한 것이다.

꿈만 같은 그의 이야기를 듣다 보면 문득 이런 생각이 든다. '돈 많고 한가한 사람 아니야?' 그를 인터뷰한 NBS의 아나운서도 똑같은 질문을 던졌다. 그런데 평범한 아저씨 고다드는 지극히 현실적인 방법으로 차근차근 꿈을 이루어가고 있었다.

"무엇을 어떻게 할지 계획을 먼저 세웁니다.

목적을 적으면 그건 의무가 되니까요.

그것을 내버려둬서는 안 됩니다.

자의식이 강하지 않다면,

스스로에게 '나는 정말 그것을 할 것이다.'라고

계속 말하는 겁니다.

그런 다음 돈을 저축하고, 필요한 것들을 차근차근 준비하고,

그 후에 실행하면 됩니다."

- NBS와의 인터뷰 중

인터뷰 당시 그는 세계에서 가장 높은 에베레스트 등반의 꿈을 이루지 못하고 있었다. 이유는 단 하나. "아직 에베레스트 등반에 필요한 돈을 모으지 못해서." 400가지 꿈을 가진 그도 보통의 우리처럼 현실을 사는 사람이었다. 가장으로서 가족을 건사해야 했고 농장 일도 열심히 돌봐야 했다. 대다수의 사람들은 꿈을 가로막는 현실부터 떠올린다. 그런데 실제로 우리의 꿈을 가로막는 것은 돈과 시간 같은 현실의 장벽이 아니다. 꿈을 일상과 동떨어진 것으로, 사치라고 생각할 만큼 비현실적인 것으로 느끼는 마음의 장벽이 더 큰 장애물이다.

존 고다드의 꿈의 목록이 현실적인 이유는 꿈을 일상으로 끌어들였기 때문이다. 내 삶에서 무엇을 경험하고 가겠다는 뚜렷한 목적의식이 있었기에 가능한 일이었다. 그러다 보니 꿈의 내용이 생활 속에서 바로 실천할 수 있을 만큼 구체적일 수 있었고 종류와 영역에 한계를 두지 않아 다채로울 수 있었다. 반면 목록의 어느 곳에서도

돈 많이 벌기, 특정 직업으로 성공하기, 유명해지기 같은 막연하고 부수적인 꿈은 찾아볼 수 없다. 그럼에도 그는 400여 가지 꿈을 실행에 옮길 만큼의 돈을 벌었고 탐험가, 인류학자, 다큐멘터리 작가, 우주비행사 등 다양한 직업을 얻었다. 세상에서 가장 많은 꿈을 성취한 사람으로 이름도 남겼다. 물론 꿈이 곧 일상이었던 그에게 이런 것들은 어쩌다 얻게 된 덤에 불과했지만 말이다.

우리는 매 순간 성공하고 실패한다

꿈을 보는 시야는 삶을 보는 시야와 연관돼 있다. 꿈이 특정 분야에 치우쳐 있으면, 삶 또한 특정 영역에 치우치기 쉽다. 흔히들 직업이나 일로써 무언가를 성취해야만 꿈을 이루었다고 생각하는 이유다. 공부 잘하고, 일 잘하고, 돈 많이 벌고, 유명해지는 꿈을 꾸며, 그것이 곧 성공이자 행복이라고 여긴다. 진짜 그럴까?

아인슈타인은 유대인 출신으로 어릴 때부터 수학과 과학에 뛰어난 재능을 보였다. 특허사무소에서 심사관으로 근무하는 중에도 틈틈이 논문을 써 박사 학위를 받을 정도였으니 말이다. 우수한 논문 실적을 인정받아 교수에 임용됐고 마침내 노벨 물리학상을 거머쥐었다. 그는 '상대성이론'이라는 획기적인 논리로 현대 물리학의 새로운 토대를 닦았다고 평가받는다. 여기까지는 우리가 익히 알고 있는 과학자 아인슈타인의 삶이다. 자 이제, 삶을 바라보는 시야를 조금만 더 넓혀보자. 우리에게 알려지지 않은 인간 아인슈타인의 삶을 들여다보기 위해서.

아인슈타인의 부친은 작은 전기발전 공장을 운영했다. 부친의 사업 실패로 온 가족이 이리저리 이사를 다닌 적도 있었다. 어릴 때 그는 가족과 떨어져 기숙학교에서 생활했는데, 엄격한 분위기에 적응하지 못해 극심한 스트레스를 받았다. 결국 신경쇠약을 핑계로 기숙사를 자퇴했다. 염려하는 양친을 안심시키려 공과대 진학을 준비했으나 결과는 낙방이었다. 수학과 물리학을 뺀 나머지 과목들에서 모두 낙제점을 받았기 때문이다. 결국 1년간 재수하며 부족한 과목을 보충한 뒤에야 공대에 입학할 수 있었다.

대학 입학 후에도 아인슈타인은 성실과는 거리가 먼 학생이었다. 자기가 관심 있는 물리실험 수업에만 열성을 보일 뿐 다른 수업에는 도통 관심이 없었다. 시험 때마다 친구의 노트를 빌리는 게 일상이었고, 교수들은 그를 게으른 학생으로 평가했다. 졸업 후 취업 역시 쉽지 않았다. 당시 독일 국적을 포기한 무국적자 신분이어서 제대로 된 직장에 취직할 수도 없었다. 사무보조, 가정교사, 계약직교사 등 한동안 임시직을 전전했다. 스위스 국적을 취득한 후에야 친구의 도움으로 특허국 말단 심사관 자리에 취직할 수 있었다.

취업 후 그는 대학 시절 사귄 공대 동기와 결혼에 골인했다. 부모의 반대를 무릅쓰고 강행한 결혼이었고, 슬하에 세 자녀를 두었지만 가정생활은 평탄치 않았다. 부인이 둘째를 임신한 중에도 첫사랑에게 편지를 보내 '나는 불행한 남자'라며 그리움을 토로하기도 했다. 결국 그는 이혼 후 이종사촌과 재혼했다.

아인슈타인의 노벨상 수상 논문이 전 부인과의 공저라는 폭로도 있었다. 홀로 명성을 독차지하기 위해 논문 제출 시 부인의 이름을 지웠다는 것. 실제로 이론물리학자인 그는 수학에 약한 편이라 공대 동기였던 전 부인이 수학적 서술을 뒷받침했다는 이야기가 전해진다. 그래서 노벨상 상금의 대부분을 위자료로 지급했다고 한다. 재혼 후 남긴 개인적 기록에서 "과학에 대해 잘 모르는 여자와 사는 것이 얼마나 편한지."라는 내용이 발견되기도 했다.

아인슈타인은 5년간 특허국 사무관으로 일하면서 물리학 연구를 계속했고, 관련 소모임을 만들어 토론을 즐기기도 했다. 후에 특허국 시절을 회상하며 이런 말을 남겼다. "학자가 학문 외에 다른 직업을 갖는 건 좋은 일이다. 직업은 아무거나 괜찮다. 직업으로 생계를 유지하고 여가 시간을 활용해 자기가 정말 좋아하는 연구를 하면 남의 눈치 안 보고 창의적으로 일할 수 있다." 요즘 말로 '자유로운 영혼'을 가진 아인슈타인의 면모를 볼 수 있는 대목이 아닐까.

그는 유대인이라는 정체성 때문에 평생을 고뇌하고 박해받았다. 교수 임용 후에도 반유대주의자들의 핍박을 받았고, 병역거부와 반나치운동에 참여한 혐의로 재산을 압류당했다. 미국 망명 후에는 공산주의자로 오해받아 탄압을 받기도 했다. 한때는 원자폭탄 제조를 주장해 대중으로부터 엄청난 비난도 들었다. 물론 이후에 원자폭탄 지지를 자기 인생에서 가장 후회하는 일 중 하나로 꼽았다. 그리고 반성하는 마음으로 반전 및 반핵 활동을 펼쳤다.

평소의 그는 소박하고 검소했다. 유대인임에도 인격화된 신을 믿지 않는 범신론의 자세를 견지했다. 취미로 퍼즐 맞추기, 편지 쓰기, 악기 연주, 음악 감상, 요트 타기를 즐겼다. 죽을 때는 수행 비서에게만 상속금의 일부를 남기고 전 재산을 대학에 기부했다. 자녀들에게는 단 한 푼의 유산도 남기지 않았다. 그런데 최근 아인슈타인의 손녀가 노숙자로 생을 마감한 사실이 알려지면서 그와 가족 사이에 불화가 심했다는 이야기가 전해지기도 했다.

우리는 인생의 다양한 측면을 얼마나 실감하며 살까? 아등바등하는 현실에서 조금만 떨어져 삶을 전체적으로 조망하면 일 외에 다른 것들이 눈에 들어온다. 일상의 희로애락을 좌우하는 삶의 또 다른 측면들…. 외부에 알려진 과학적 업적만으로 아인슈타인의 삶이 성공했다, 행복했다 단적으로 말할 수 없는 이유다. 그의 삶도 우리네 일상처럼 어떤 면에서는 잘했고, 어떤 면에서는 부족했다. 일이 잘 풀리기도 했지만 안 풀린 적도 있다. 그래서 기쁘기도 하고 슬프기도 했다.

성적, 업적, 재물, 지위 등 눈에 보이는 결과로 인생을 평가하는 것은 섣부른 행동이다. 이런 관점은 상대적 박탈감과 '루저' 콤플렉스로 모든 사람들을 불행하게 만든다. 아인슈타인의 삶에서 정작 우리가 주목해야 할 부분은 그의 천재성이나 그가 받은 노벨상이 아니다. 그보다는 자신이 좋아하는 것에 대한 몰입도다. 좋아하는 무언가가 있고, 그것에 몰입해 즐길 수 있다면 당신도 아인슈타인만큼 행복하고 성공적인 삶을 누리고 있는 것이다.

누구나 삶의 순간순간마다 성공하고 실패하며, 또 행복하고 불행하다. 그래서 인생은 결코 한 가지 잣대로 평가할 수 없다. 겉으로 드러나지 않은 삶의 여러 측면을 종합해 그 사람이 겪었을 경험과 감정을 온전히 이해하고 존중해야 한다. 그것이 누군가의 인생을 대하는 자세이자 내 인생을 바라봐야 할 시각이다.

인생은 세 개의 바퀴로 굴러가야 한다

인생의 처음과 끝이 한눈에 펼쳐진다면 어떨까? 그럴 경우 인생의 진로는 두 가지 측면으로 나눠볼 수 있다. 태어난 시점에서 바라보면 '앞으로 나아갈 길', 반대로 죽는 시점에서 되돌아보면 '일생동안 추구해온 길.' 그 길은 세 개의 바퀴로 굴러가야 안정적인 길이 된다. 관계, 성취, 여가.

전체 일생에서 직업 생활은 비교적 단기 플랜에 속한다. 보통 20~30년 되는 기간 동안 직업과 관련한 선택, 적응, 전환을 반복하며 보낸다. 요즘은 은퇴 후 역할 비중이 점점 커지고 있다. 직업 생활 기간만큼 또는 그보다 더 긴 시간을 퇴직 후 살아야 하기 때문이다. 학업도 예전처럼 학교교육으로 끝나는 게 아니라 평생교육으로 진화하고 있다. 빠르게 변하는 사회에 적응하기 위해, 남은 인생을 자기계발에 쏟는 추세는 계속될 것이다.

일과 공부만큼 중요한 것이 놀이다. 우리는 태어나서 상당 기간 놀이를 통해 삶을 터득했다. 어른이 돼서도 마찬가지다. 놀이, 취미, 오락, 자유 시간, 휴식 등 어떤 형태든지 간에 충분한 여가는 삶의 질을 높여준다. 적절한 여가는 피로와 스트레스뿐만 아니라 불만, 분노 등 마음의 응어리를 푸는 데도 도움이 된다. 삶의 여러 측면 중 거의 유일하게 내 마음이 끌리는 대로 즐겨도 되는 영역이기 때문이다. 이렇게 중요한 삶의 한 축을 바빠서, 피곤해서, 성공을 위해서 포기하는 사람들이 있다. 그런데 여가도 공부나 일처럼 경험과 연습이 필요하다. 지금 틈틈이 놀아두지 않으면 은퇴 후 엄청난 시간이 남아돌 때 누구랑 어떻게 놀아야 할지 막막할 수밖에 없다.

삶의 모든 과정에서 우리는 누군가와 함께한다. 가족이나 친구일 수도 있고, 사회생활하며 만난 동료일 수도 있다. 특정한 목적을 위해 학교, 회사, 동호회, 종교 단체 등의 공동체에 소속되기도 하며, 지역사회 주민이나 한 사회의 시민으로 역할하기도 한다. 이처럼 다양한 사회 관계망은 일상의 안정감과 만족도를 좌우하는 결정적 요인이다.

하지만 성과와 효율을 강조하며 일만 하다 보니 우리는 삶의 근간이 되는 관계망이 무너지는 줄도 모르고 산다. 삶의 질 측정 항목 중 '주변에 믿고 의지할 사람이 있느냐'는 질문에 한국은 OECD 평균인 88점에 한참 못 미치는 72점을 받아 꼴찌를 기록했다. 아무리 일을 잘하고, 아무리 돈을 잘 벌어도 단기간에 쉽게 얻을 수 없는 것이 이러한 관계망이다. 혹시 바빠서 주변 사람들을 못 챙기고 있는가? 속마음 나눌 사람이 없어 외로운가? 인간관계는 죽는 순간 가장 많은 추억과 동시에 가장 많은 후회를 남긴다는 점에서 평생을 공들여도 모자란 삶의 영역이라는 것을 잊지 말아야 한다.

인생은 결국 이처럼 다양한 삶의 측면이 종합된 하나의 포트폴리오다. 전체 인생을 끝이 정해진 장기플랜으로 보면 직업에 해당하는 단기플랜은 장기플랜의 방향에 맞춰 일부 구간에 배치할 요소에 지나지 않는다. 그 외 학습, 여가, 인간관계, 사회참여 등 삶의 다른 요소들 역시 전체적인 조화와 균형을 고려해 장기플랜 곳곳에 배치해야 한다.

이 포트폴리오를 효과적으로 운영하는 원칙이 바로 '균형 찾기'다. 내 삶에서 한 발짝 떨어져 나와 그 시작과 끝을 한눈에 내려다보자. 제한된 시간과 자원 속에서 인생의 각 측면을 골고루 경험해 최대의 만족을 얻고 돌아가는 것이 우리의 목표다.

　　각각의 인생 요소들을 어떻게 배치해야 나의 만족이 최대가 될까? 일단 그동안 과도하게 집중했던 일, 성과, 물질적 측면에서 시간과 노력을 일부 떼어내어 다른 영역으로 분산시켜야 한다. 존 고다드의 꿈의 목록처럼 사소한 일상에서부터 다양한 삶의 방식을 꿈꾸자. 그리고 의도적으로 변화를 시도하자. 결국 삶의 종착지에서 가장 행복한, 그래서 성공했다 말할 수 있는 사람은 인생의 소중한 장면이 많은 사람일 것이다.

CHAPTER 2

두 번째 성장, 가치를 좇아라

가치 VALUE

- 가치로 포착하는 삶의 방향 -

유머 / 창조성 / 균형 / 리더십 / 한결같음 / 진실 / 건강 / 목표의식 / 낭만 / 정의로움 / 신념 / 경청 / 정직 / 열정 / 재치 / 긍정 / 성실 / 배려 / 책임감 / 지혜 / 자율 / 정성 / 포용 / 유연성 / 헌신 / 아름다움 / 분별력 / 희망 / 호기심 / 사려깊은

당신은 누구이고, 무엇을 좇고 있는가

자아정체성

변하지 아니하는 존재의 본질을 깨닫는 성질이나 그 성질을 가진
독립적 존재를 이르는 말. 개인의 견해, 이상, 기준, 행동,
그리고 사회적 역할에서 드러남.

A: 당신은 누구입니까?

B: 음… 저는 회사에 다니고요, 인사팀 과장이고…

　　아이가 둘 있고, 마포에 삽니다.

다른 사람과 나를 구분하는 유일한 특성은 무엇일까? 그 특성을 정
체성이라 부르고, 그 정체성을 알아보기 쉽게 글씨와 그림으로 표현
한 것이 브랜드다. 아이가 둘이고 회사에 다니는 마포 김 과장은 여럿
일 수 있다. 소속이나 인구통계학적 특성이 정체성이 될 수 없는 이유
다. 여러 명의 김 과장에게 각자의 색깔을 부여하는 핵심 요인은 그들
이 추구하는 가치다. 사람마다 인생에서 추구하는 가치가 다르고, 그
가치에 따라 각자의 정체성과 삶의 스타일이 만들어지기 때문이다.

어딘가에 소속되어 바쁘게 살 때는 자기 정체성과 브랜드의 필요성을 크게 느끼지 못한다. 당신은 누구냐는 질문에 재빨리 소속을 말하면 되니까. 하지만 홀로 서야 하는 인생 2막은 다르다. 소속이 아예 없거나 그 소속의 강도가 급격히 약해지면서 심리적인 위축을 느낀다. 그래서 타인 앞에 나설 때 보통 과거형으로 자신의 이야기를 풀어간다. 그러나 과거는 과거일 뿐, 현재와 미래의 나를 대변하는 정체성이 없으면 곧 상실감과 우울증에 빠지게 된다. 따라서 평소 나만의 정체성을 찾고 스스로를 어필하는 훈련을 꾸준히 해둘 필요가 있다.

 당신의 삶에서 가장 중요한 가치는 무엇인가?

● 아래 목록에서 3가지를 찾아 동그라미 쳐보자.

가능성 감사 강인함 건강 건설적임 검소 결단력 겸손 경청 고귀 공감 공정 공존 관용
권위 균형 근면 긍정 끈기 기쁨 나눔 낙천적임 낭만 노동 노력 논리 능동 따뜻함
도움 독립 리더십 목표의식 명예 민주적임 매력 모범 배려 배움 봉사 북돋움 분별력
분석적임 사랑 사려깊음 사명 상냥함 설득력 섬세함 성실 성찰 소박 소신 소중함
솔직함 순발력 순수 신념 신뢰 신중함 아름다움 여유 열려있음 열정 영감 영적임
온유함 예의 용기 용서 우정 위로 유머 유연성 윤리 의리 의지 이해 인내 인정 자기애
자비 자신감 자유 자율 재치 적극성 적응 전문성 절제 정돈 정의로움 정성 정직
조화 존엄 존중 주도성 중용 지도력 지혜 진실 진취 질서 집념 집중 창조성 추진력
충만함 충성심 책임감 청결 초연 충직 치유 친절 친화적임 탁월함 통찰 통합 평등
평온 평화 포용 품위 한결같음 해방 헌신 협동 호기심 화합 화해 확신 휴식 희망

늙어서도 취업을 고민하는 시대가 왔다

케이트린 헤인즈는 영국 버진애틀랜틱 항공사의 신입 승무원이다. 그녀 나이 59세. 4명의 자녀와 11명의 손주를 둔 할머니다. 그런 그녀가 2,000여 명의 지원자를 뚫고, 48시간의 긴 면접을 통과해 당당히 승무원에 합격했다. 그녀는 왜 60세를 바라보는 나이에 이렇게 무모해 보이는 도전을 했을까?

30년 넘는 세월 동안 그녀는 승무원의 꿈을 마음속에만 지니고 살았다. 아이를 넷이나 둔 주부에게 해외 체류가 많은 승무원직은 불가능한 현실이었기 때문이다. 그녀는 차선책으로 10여 년간 항공사 발권 업무에 종사했다. 그렇게 세월을 보내다 문득 이런 생각이 들었다. "60세가 넘기 전에 내 인생에 변화가 필요해. 꿈을 이룰 수 있는 적기는 바로 지금이 아닐까?" 대다수의 사람들이 늦었다고 생각하는 시기에 그녀는 도전했고, 그 결과 또 다른 인생을 경험하고 있다.

해외 사례라 국내 현실과 다르다고 말한다면 어떤 측면에서는 맞고, 어떤 측면에서는 틀리다. 일단 헤인즈처럼 늦은 나이에 다시 일자리를 찾는 중·노년층이 증가하는 측면은 국내 현실과 비슷하다. 내가 프리랜서로 몸담았던 회사에도 50대 중반의 주부가 사원으로 입사해 회계업무를 보조했다. 시부모 봉양도 끝나고 자녀도 다 키우고 나니 다시 일해야겠다는 생각이 들어 취업 전선에 뛰어든 것이다. 박

봉에 직급도 없었지만 어느 누구 못지않게 성실했으며, 시키지 않은 일까지도 미리 알고 척척 해냈다. 무엇보다 직원 한 명, 한 명에게 다정히 인사를 건네며 필요한 것은 없는지 살갑게 챙겨주곤 했다.

국내 현실이 헤인즈 사례와 다른 점은 고용이 보장되지 않는 단기 일자리에 종사한다는 점이다. 국내는 중·노년층 취업이 어려울 뿐더러 계약직이나 파견직, 시간제 또는 아르바이트 외에는 마땅한 일자리가 없다. 그러다 보니 하고 싶은 일을 찾기보다는 일을 위한 일을 찾게 된다. 하고 싶은 일을 하려면 리스크를 감수하고 창업을 하는 방법밖에 없다. 하지만 창업이야말로 노후자금을 한꺼번에 날릴지도 모르는 지름길이기도 하다. 해당 분야 경력, 노하우, 네크워크, 투자 분석, 손익분기점 도달까지 버틸 수 있는 자금력 등등 만반의 준비가 갖춰지지 않았다면 결정을 보류해야 한다.

2014년 보건복지부의 〈노인실태조사〉에 따르면 65세 이상 노인취업률은 30% 내외로 집계된다. 정년이 짧아지고 수명이 길어지면서 앞으로도 취업을 원하는 노인들은 계속 증가할 전망이다. 그만큼 노인취업 경쟁 또한 심화될 예정이다. 일하려는 사람은 점점 많아지는데 일자리는 계속 줄어드는 상황에서 일자리 유연화는 자의 반 타의 반으로 계속 진행될 것이다.

일자리 유연화가 제대로 정착되려면 최저임금이 최소생계비 수준으로 높아지고 정규직과 비정규직 간의 격차가 줄어드는 등 현실적인 변화가 동반돼야 한다. 누구나 노동개혁의 방향에 관심을 갖고 의견을 개진할 필요가 있다. 아직 젊고 현재 정규직이라 해서 남의 일처럼 여겨서는 안 된다. 언젠가 나와 내 자녀에게 닥칠 바로 우리의 문제이기 때문이다. 10년 혹은 20년 후 중년이나 노년이 된 자신이 계약직, 파견직, 시간제 아르바이트 같은 일자리에 취업한다면 최소한 어떤 조건이 충족돼야 할까? 이런 관점으로 의사 결정을 해야 현실에 접근한 답을 구할 수 있다.

35~45세에 첫 번째 인생이 끝난다

인생 2막을 맞이하는 주변 사람들을 보면 보통 아래의 범주를 크게 벗어나지 않는다.

- 기존 경력과 관련된 (공동 또는 개인)창업
- 기존 경력과 무관한 (공동 또는 개인)창업
- 기존 경력과 무관한 신규직종 재교육 또는 자격증 취득 후 취업
- 기존 경력과 무관한 단기 또는 임시직 취업
- 취미 또는 여가 관련 (단체 또는 개인)활동
- 사회봉사 또는 종교 관련 (단체 또는 개인)활동
- 가사노동 및 손주 돌보기

이렇게 놓고 보면 지금이나 그때나 일상에 큰 변화가 없어 보인다. 실제로 나이가 든다 해서 평소 익숙했던 생활 습관이 획기적으로 바뀌지는 않는다.

다만, 노후에도 생계나 돈을 불리는 활동에 연연했는가, 아니면 자신을 충족시키는 활동에 더 큰 비중을 두는가, 이 한 끗 차이로 예전과 다른 삶을 사느냐 아니냐가 결정된다.

2014년 통계청 기준 직장인 평균 퇴직연령은 52.6세, 체감정년은 48.1세로 뚝 떨어진다. 취업포털 '사람인'의 2015년 고용상태 설문에 따르면 40대 78.7%, 50대 이상 78.4%, 30대 69.5%가 고용불안에 시달리고 있다. 예전 같으면 한창 일할 나이인 30~40대도 퇴직 압박에서 자유롭지 못하다. 이런 상황에서 불시에 인생 2막을 맞이하면 떠밀리듯 다음 일자리를 찾아 이리저리 전전하게 된다. 마땅한 답은 없는데 시간은 자꾸만 흐르고, 당장 뭐라도 해야 할 것 같아 불안하다. 결국 기존에 살아온 방식을 답습한다. 취업이 잘 되거나 돈이 많이 벌리는 활동에 다시 온 힘을 쏟는 것이다. 기존과 다른 삶에 대한 자기만의 성찰이 없으면 죽을 때까지 은퇴하지 못한 마음을 안고 살아야 한다.

반면 능동적으로 인생 2막을 찾아 나선 경우에는 기존과 다른 삶을 누릴 가능성이 크다. 은퇴 전문가들은 35~45세 사이에 다음 인생을 위한 준비를 시작해야 한다고 입을 모은다. 10년간 차근차근 준비해야 기존 일상의 착륙과 새로운 일상의 이륙이 부드럽게 이어질 수 있다.

본업에 충실한 틈틈이 인생 2막의 일상을 몸소 체험하자! 머리로만 꿈꿔서는 전혀 체감할 수 없다. 자신이 원하는 삶의 리스트를 만들고 관련 정보를 조사한 후 시험 삼아 경험해보자. 그중 자신에게 부적합한 활동은 제외하고 적합한 활동은 인생 2막 일과표에 포함시켜라. 충분한 시간을 할애해 고민해야 지금 까마득해 보이는 것들이 미래의 그날, 현실이 될 수 있다.

위기는 기회를 품고 찾아온다

문화심리학자 김정운 교수는 한창 높은 인기를 구가하던 어느 날 홀연히 우리의 시선에서 사라졌다. 얼마의 시간이 흐른 뒤 그는 교수가 아닌 미대 학생 신분으로 우리 앞에 나타났다. 50대 중반의 그가 작은 다다미방에서 청소와 빨래를 마치고 동네 식당에 홀로 앉아 밥을 먹는다. 그리고 향한 곳은 일본의 한 미술전문대학. 20대 학생들과 반갑게 인사를 나누고 한쪽에 쪼그리고 앉아 돌가루를 빻는다. 그렇게 만든 색으로 캔버스에 쓱쓱 그림을 그린다. 안정적인 교수 자리를 내던지고 그는 지금 무엇을 하고 있는 걸까?

일본으로 안식년을 떠날 당시 그는 갑작스러운 인기에 대한 부담감 때문에 극심한 스트레스를 경험했다. 답답한 마음에 하기 싫은 일 리스트를 만들어 순서를 매겼다. 그런데 1순위가 학생 가르치기였다. 직업이 교수인 사람이 말이다. 궁지에 몰린 그는 선배와 책을 찾아 조언을 구했다. 그중 그리스인 조르바가 던진 '자유'라는 화두가 그의 마음을 끌었다.

> 당신은 자유롭지 않아요.
> 당신이 묶인 줄은 다른 사람들이 묶인 줄과 다를지 모릅니다.
> 그것뿐이오. 두목, 당신은 긴 줄 끝에 있어요.
> 당신은 오고 가고, 그리고 그걸 자유라고 생각하겠지요.
> 그러나 당신은 그 줄을 잘라버리지 못해요. 그런 줄은 자르지 않으면….
>
> **- 니코스 카잔차키스, 《그리스인 조르바》 중**

고심 끝에 교수직을 그만두고, 자신이 진심으로 원하는 일을 찾아 도전하기로 결심했다. 그러나 갑작스럽게 찾아온 자유는 그를 불안하게 만들었다. 무엇을 할까 고민하던 그의 마음에 떠오른 것이 만화였다. 어린 시절 유난히 만화를 좋아했고, 나이가 더 들면 노인용 만화를 그려도 재밌겠다 싶었다. 무작정 만화를 그리다 지도교수의 권유로 자연스럽게 일본화를 그리게 되었다. 그림 그리기에 푹 빠진 그는 평소 존경했던 이원복 교수처럼 글과 그림을 접목하겠다는 새로운 목표도 세우게 되었다. 그리고 최근 자신의 그림을 넣은 책을 발간해 그 목표를 이루었다. 김정운 교수는 내면의 위기에 부딪쳐 인생 2막을 연 대표적인 경우다. 반면, 외부의 위기로 인해 자기 의지와 무관하게 인생 2막을 여는 경우도 많다. 세계적인 거부 빌 게이츠도 그런 점에서는 보통의 우리와 다르지 않았다.

빌 게이츠의 새로운 인생의 발단이 된 것은 1999년 독점 소송이었다. 당연히 마이크로소프트가 이길 거라고 확신한 그는 정·재계를 상대로 소송 무효화를 위한 적극적인 활동을 펼쳤다. 그러나 결과는 마이크로소프트의 패소였고 사회적 비난이 쏟아졌다. 싸늘해진 여론 속에서 그는 45세라는 이른 나이에 CEO 자리에서 물러날 수밖에 없었다.

물러난 그해 빌 게이츠는 부인과 함께 빌&멜린다 재단을 설립했다. 그리고 20여 년을 한결같이 부부가 직접 자선사업에 앞장섰다. 그 결과 전 세계 보건, 빈곤, 교육 문제에 실질적인 해결책을 제시하며 그 진정성을 인정받았다. 더불어 전 세계에서 가장 투명하고 규모가 큰 민간재단으로 자리매김했다. 빌 게이츠는 지금까지 350억 달러의 개인 재산을 기부했고, 죽기 전에 전 재산의 95%를 기부하겠다고 선언했다. 워런 버핏과 함께 억만장자들이 재산의 최소 50%를 사회에 환원하도록 설득하는 '더 기빙 플레지The Giving Pledge' 캠페인도 펼치고 있다.

실리콘밸리의 악마로 불리던 독점자본가가 전 세계 1등 자선사업가로 거듭날 수 있었던 원동력은 무엇일까? 비영리단체 이사를 지냈던 어머니와 자선사업에 관심을 둔 아내의 영향이 컸다. 빌 게이츠의 어머니는 아들 부부가 결혼할 때 한 장의 편지를 남겼다. 편지의 주된 메시지는 "결혼을 통해 하나에서 둘이 됐으니 두 사람이 힘을 모아 사회에 도움이 되는 일을 하며 살라."는 것이었다.

아내 멜린다는 독점 소송 당시 비판에 시달리던 남편을 설득해 재단 설립을 도왔다. 소송 중인 데다가 원로나 하는 거액 기부를 40대 중반의 젊은 사람이 한다는 점에서 고도의 홍보 작전이 아니냐는 논란도 일었지만, 이에 아랑곳하지 않고 재단의 사업 영역과 규모를 꾸준히 키워나간 결과 자선사업가로서의 진정성을 인정받았다.

두 번째 인생, 다시 성장판이 열린다

사회심리학자 윌리엄 새들러는 일생을 4단계로 구분했다. 퍼스트 에이지first age는 20대 초반까지로 학습을 통해 1차 성장을 이룬다. 세컨드 에이지second age인 20대 중반에서 30대까지는 1차 성장의 결과를 활용해 직업을 가지고 사회생활을 하며 가정을 꾸린다. 서드 에이지 third age는 40대에서 70대 중·후반까지로 자아실현을 통해 2차 성장을 이룬다. 포스 에이지forth age는 80대 이후로 급격한 노화가 나타나는 시기다. 이때는 최대한 건강하게 살다가 평온한 죽음을 맞이하는 것이 목표다.

원래 서드 에이지는 없었다고 한다. 그런데 수명이 길어지면서 자아실현을 이룰 절호의 기회가 생긴 것이다. 누구나 비슷하게 겪는 1차 성장과 달리 서드 에이지의 2차 성장은 개인의 특성 및 준비 정도에 따라 그 내용과 깊이가 달라질 수 있다. 30대 중반에서 40대 중반 사이에 자아실현에 대한 성찰과 준비를 시작해야 하는 이유다.

퇴직 후에, 자식들 다 키운 후에는 늦는다. 내가 원하는 길을 찾아 인생을 전환하겠다면 철저한 사전 준비가 필요하다. 활발히 일하는 지금, 혹은 일하다 잠시 쉬어가는 지금 바로 시간을 할애해 인생의 큰 방향을 잡아야 한다. 방향을 잡을 때는 내가 삶에서 가장 중요시하는 가치를 기준으로 삼자. 세컨드 에이지까지는 사회가 획일적으로 정해준 기준에 맞춰 열심히 살아왔다. 이제 2차 성장을 달성해야 하는 서드 에이지에는 내 삶의 가치 기준에 맞춰 자아실현을 이루어야 한다.

앞서 언급한 케이트린 헤인즈가 고령에도 불구하고 항공사 관리직이 아닌 사원직에 당당하게 근무하는 이유는 무엇일까? 연봉, 직급, 사회적 시선보다 못 이룬 꿈을 이루고 새로운 경험을 하는 자아실현의 가치가 그녀의 남은 삶에 더 중요하기 때문이다. 문화심리학자 김정운에게는 직업의 안정성보다 자유와 재미가 더 큰 가치로 다가왔다. 빌 게이츠는 나눔과 사회 기여의 가치를 받아들여 독점자본가의 오명을 벗고 존경받는 인생 2막을 만들어가고 있다.

당신은 어떤 인생 2막을 꿈꾸는가? 스스로에게 다음 질문을 던져보자.

● **지금까지 살면서 중요하게 생각해온 가치는?**
주요 의사 결정 때마다 또는 당신의 삶에 위기와 변화가 닥쳤을 때마다
빛을 발한 가치를 찾아보자.

● **나의 성향이나 특성에 적합한 가치는?**
있으면 마음이 흡족하고 없으면 마음이 불편한 가치를 찾아보자.

● **앞으로 남은 삶에서 실현하고 싶은 가치는?**
눈을 감는 순간 "나답게 살았으니 후회 없다."고 말할 수 있는 가치를 찾아보자.

이렇게 찾은 내 인생의 주요 가치를 단어나 그림으로 표현해보자. 이는 스스로에게 그 가치를 쉽게 각인시키기 위함이다. 다른 삶에 도전하는 인생 2막에도 일상은 똑같이 반복된다. 예측 밖의 사건이 일어나기도 한다. 그때 내 삶의 우선순위를 키워드나 상징물로 인식하고 있으면 비교적 쉽게 그 가치의 의미를 되새기며 삶의 방향을 유지할 수 있다.

CHAPTER 3

과거-현재-미래를 연결하라

연결 CONNECTION

- 세 지점의 나를 연결하여 전체를 조망하는 삶 -

당신은 시간을 어떻게 인식하고 있는가

원형검사

과거, 현재, 미래를 각각의 원으로 표현하여 내담자가 어떤 방식으로
시간의 영향을 받는지 알아보는 검사.

심리학자 토머스 코틀은 '원형검사'를 통해 사람들이 자신에게 주어
진 시간을 어떻게 인식하는지 알아보았다. 검사에 참여한 사람들은
과거, 현재, 미래를 대표하는 세 개의 원을 그리도록 요청받았다. 당신
은 세 개의 원을 어떻게 그리겠는가?

코틀은 검사 결과를 통해 세 가지 결론을 이끌어내고자 했다.
다가올 미래에 대해 일관된 방향성을 가지고 있는가? 미래에 일어날
성취를 현실처럼 느끼는가? 현실처럼 생생한 미래의 성취를 위해 현
재 무엇을 해야 하는가?

즉 인생의 방향성을 가지고 그 방향에 따른 미래를 현실처럼 느
끼면서 현재 내가 해야 할 일을 실감해야 한다는 뜻이다. 이 말은 거꾸
로 현재 내가 주로 하는 일을 보면 미래의 내 모습이 그려진다는 의미
도 된다. 생생한 당신의 미래를 위해 지금 무엇에 집중하고 있는가?

과거, 현재, 미래를 대표하는 3개의 원 그리기

● 아래 빈칸에 당신이 생각하는 3개의 원을 자유롭게 그려보자.

원형검사의 다양한 사례

● 그림을 그린 후 여러 사람들과 비교해 보면 '아, 이렇게 그릴 수도 있구나'라는 생각이
들 만큼 다양한 결과를 볼 수 있다.

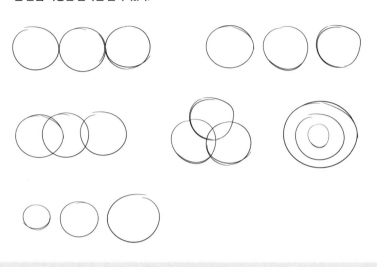

　　이 원형검사에서 원의 배치는 과거, 현재, 미래를 연결된 것으로 보는지, 독립된 것으로 보는지를 나타낸다. 시간이 선형적으로 흐른다고 생각하는지, 통합 또는 중첩됐다고 보는지도 알 수 있다. 원의 크기로 심리적으로 연결돼 있거나 중요시하는 시간 차원을 알아볼 수도 있다. 과거, 현재, 미래, 각 시간에 대한 개인의 심리적 경험에 따라 다양한 결과가 나타난다.

인생의 점들은 연결된다

실존주의 철학은 말한다. 인간은 '무無'라는 존재 상황에서 미래를 창조하기 위해 오로지 자신의 책임으로 선택을 하게 된다고. 수많은 선택이 지금의 나를 만들었듯이, 또 다른 선택이 그 위에 덧붙여져 미래의 나를 만들 것이다. 곰곰이 생각해보면 언제나 내 마음은 알고 있었다. 내가 어떤 선택을 내리게 될지를 말이다. 의사 결정에 도움을 받기 위해 정보와 사람을 찾을 때조차도 마음속 선호는 이미 결정돼 있는 경우가 많다. 수집한 정보나 조언은 종종 이미 내린 마음의 결정을 확인하는 용도로 쓰일 뿐이다.

실은 내 마음이 향하는 그곳이 내가 가야 할 길이다. 다만, 이런저런 현실적인 문제를 고려하다 보면 내 마음조차 헷갈릴 때가 많다. 어떤 기준으로 앞으로의 인생을 선택해야 할지 혼란스러울 때도 있다. 그래서 선택 앞에서 망설이거나 선택 후에도 불안함을 느낀다. 그러거나 말거나 내 마음은 매 순간 과거-현재-미래로 이어지는 인생의 선택에 쉼 없이 신호를 보낸다. 그러므로 무의식중에 내 선택이 향하는 방향을 포착하려 시도하는 것이 좋다. 내 머리는 몰라도, 내 마음은 이미 그곳을 향해 있으니까 말이다.

과연 그 방향이 맞는 걸까? 방향을 잡아도 세월이 흐르면 변하지 않을까? 스티브 잡스는 '커넥티드닷츠Connected Dots, 연결된 점들'로 인생의 방향을 어떻게 이어가야 하는지에 대한 힌트를 주었다. 그는 자신이 태어나기도 전, 그러니까 친어머니의 배 속에 있을 때부터 자기 인생의 점들이 연결되기 시작했다고 말한다.

스티브 잡스의 친어머니는 미혼모였다. 자신이 직접 아이를 키울 수는 없지만 반드시 대학을 졸업한 부부에게 입양시키고 싶었다. 그런데 입양을 결정했던 변호사 부부가 변심하는 바람에 대학을 나오지 않은 양부모에게 보낼 상황이 되었다. 그녀는 입양서류에 사인을 거부하며 몇 개월을 버텼다. 결국 아이를 반드시 대학에 보내겠다는 약속을 받고서야 마음을 누그러뜨렸다.

17년 후 양부모는 약속대로 아이를 대학에 보냈다. 명문인 리드대학교의 학비는 매우 비쌌다. 그러나 양부모는 평생 모은 돈을 내놓았다. 잡스는 그 모습을 보며 생각했다. '내 인생에서 뭘 하고 싶은지 아직 모르겠다. 대학이 그 길을 찾는 데 도움을 줄 수 있을지도 의문이다.' 양부모가 평생을 일해서 번 돈을 대학에 써야 할 가치를 찾지 못한 그는 6개월 만에 자퇴했다. 물론 당시에는 그도 두려웠다. 그러나 세월이 지난 후 잡스는 그 선택을 인생 최고의 결정 중 하나로 손꼽았다.

자퇴 후 그는 흥미 없는 필수과목 대신 재미있어 보이는 과목을 골라 청강했다. 물론 마냥 즐겁고 낭만적인 시간은 아니었다. 잘

곳이 없던 그는 친구들의 기숙사 방바닥에서 쪽잠을 청했다. 음식을 사먹기 위해 빈 콜라병을 줍거나 사원에서 주는 공짜 밥을 먹기 위해 11킬로미터를 걷기도 했다. 이렇게 고생하며 부딪친 경험은 먼 훗날 그에게 귀중한 자산이 되었다. 그중 하나가 캘리그래피다. 당시 리드 대학교에는 수준 높은 캘리그래피 교육과정이 있었다. 잡스는 그 과목을 청강하며 훌륭한 서체의 매력에 푹 빠져들었다. 물론 그때는 그것이 실생활에 적용될 거라고 생각하지 못했다. 그저 역사와 예술이 담긴 캘리그래피가 그의 마음을 끌었을 뿐….

그렇게 잊고 지내던 캘리그래피에 대한 경험이 떠오른 건 그로부터 10년 후였다. 바로 첫 번째 매킨토시 컴퓨터를 디자인할 때! 잡스는 캘리그래피를 기초로 컴퓨터 안에 다양하고 아름다운 서체를 디자인해 넣었다. 덕분에 매킨토시는 아름다운 서체를 지닌 최초의 컴퓨터가 되었고, 그 후 우리는 PC에서 다양한 디자인의 폰트를 사용할 수 있게 되었다.

"물론 내가 대학생일 때 앞을 내다보며
이런 점들을 이을 수는 없었습니다.
그러나 10년 후 되돌아봤을 때
아주 뚜렷하게 점들이 이어지는 것을 볼 수 있었습니다.
다시 한번 말하지만 미래를 내다보며 점들을 이을 수는 없습니다.
오로지 뒤를 보며 그 점들을 이을 수 있을 뿐이죠.

그러니 여러분은 그 점들이 언젠가 미래에 어떤 식으로든

이어질 것이라고 믿어야 합니다. 확신을 가져야 합니다.

여러분의 배짱, 운명, 인생, 업業, 뭐든지 말이죠.

이런 사고방식은 한 번도 나를 실망시키지 않았습니다.

그리고 내 인생을 변화시켜왔습니다."

- 스티브 잡스, 스탠퍼드대학교 졸업식 기조연설 중

지금 하고 있는 것들이 당신의 미래다

내 인생의 점들은 어디로 연결된 걸까? 나도 모르게 선택하는 삶의 방향은 어디일까? 과거부터 지금 이 순간까지 만들어온 선택이 미래로 연결된다는 확신. 이것이 스티브 잡스가 우리에게 준 답이다. 그래서 가능한 걸까? 아니, 그렇지 않다. 대학을 자퇴한 과거 그 시점, 그는 단지 입양아 출신에 미래가 불확실한 고졸 청년일 뿐이었다. 어떤 상황에 처해 있든 상관없다. 누구나 과거-현재-미래로 이어지는 인생의 점들을 연결해 자기 인생의 방향을 찾을 수 있다. 그리고 의지만 있다면 충분히 원하는 방향으로 인생을 바꿀 수도 있다.

내가 회사를 그만두고 두 번째 삶을 준비할 때였다. 무엇을 해야 할지 아무리 고민해도 쉽사리 답을 내릴 수 없었다. 원인은 단 하

나, 불안감이었다. 마음은 이미 회사원을 그만뒀는데 머리로는 월급이 아쉬워 고민에 진전이 없었던 것이다. 그때 문득 멘토로 모시는 어른과 나눴던 대화가 떠올랐다.

"지금 하는 일이 전공이었나요?"

"아니요, 정확히 일치하지는 않는데 일하다 보니 여기까지 왔습니다."

"중학교 2학년 때 뭐하는 걸 가장 좋아했어요?"

"네? 갑자기 그건 왜…"

"사람은 어린 시절 좋아했던 일로 돌아가는 습성이 있거든요.

그 일이 진짜 자기가 좋아하는 일이라서 그렇죠."

"아… 그러고 보니 대학 때 동아리 활동이 지금 하는 일과 관련이 있네요."

거기에 착안해 일단 내가 뭘 좋아했는지 기억을 더듬어보기로 했다. 월급에 갇힌 시야를 다른 방향으로 넓혀볼 심산이었다. 머릿속에 몇 가지가 떠오르는 것 같다가도 쉽게 정리되지 않았다. '내가 나를 이렇게나 몰랐었나?' 그래서 작심하고 어릴 때부터 지금까지의 행적을 써내려갔다. 그리고 좋아하는 일, 잘하는 일, 반복되는 일 등의 기준을 세워 분류해봤다. 과거에서 현재로 이어진 점들을 보며 미래에 가능한 선택의 옵션들을 예상할 수 있었다. 그리고 지금 여기에서 기존과 다른 선택을 하지 않으면 언젠가 또다시 이 지점으로 되돌아오리란 것도 예측할 수 있었다. 그제야 불안을 내려놓고 회사원이 아닌 프리랜서로, 누가 시키는 일이 아닌 내가 하고 싶은 일로 새로운 인생에 뛰어들 확신을 얻었다.

미래의 방향을 찾기 위해 나는 거꾸로 과거의 선택과 현재의 모습을 되짚어봤다. 과거-현재-미래는 운명보다는 성향으로 연결된다. 개인의 선택과 행동에 일정한 패턴이 있기 때문이다. 과거의 내가 특정한 선택과 행동 패턴을 보였다면, 현재와 미래의 나 역시 그와 유사한 패턴을 보일 확률이 높다. 그런 점에서 내 미래의 방향은 어느 정도 윤곽이 잡혀 있다 해도 과언이 아니다.

다만, 개인의 노력이나 인생의 풍파를 통해 성장을 경험하면 삶을 바라보던 기존의 시각에 균열이 온다. 인상이 깊고 타격이 큰 경험일수록 사람을 크게 변화시키고, 그로 인해 인생의 방향을 달리 볼 수 있는 눈이 생긴다. 그때 비로소 예전 기준에서 벗어나 좀 더 발전적인 선택과 행동 패턴으로 스스로를 계발할 수 있다. 스티브 잡스가 미래에 대한 확신을 강조한 것도, 코틀이 원형검사에서 미래를 생생히 느끼라고 주문한 것도 이와 같은 맥락이다.

지금 나의 선택이 미래로 연결돼 내 삶을 다른 차원으로 성장시킬 거라는 관점. 여기에 확신이 들면 오늘의 선택과 미래의 가능성에 새로운 시각으로 도전할 수 있다.

답은 어린 시절의 나에게 있다

사람은 대부분 자기 마음이나 성향에 맞는 선택을 내린다. 그러나 생존의 기초를 만드는 인생 1막에서는 종종 이 원칙이 무너진다. 취업, 사회생활, 결혼 등 사회적·경제적 압박으로 인해 자신의 뜻과 무관한 일을 하는 경우가 많기 때문이다. 그 또한 자신이 선택한 길이지만, 마음이 원하는 대로 살지 못하니 욕구불만과 화병이 절로 생긴다.

그렇게 꾹꾹 참아 급박한 생존 과제를 어느 정도 안정시켰다면 그동안 억눌려 있던 자신의 마음을 읽어야 한다. '인생 2막'을 준비할 때 스스로에게 가장 먼저 던져야 할 질문은 "뭘 해서 먹고살지?"가 아니다. "너 이제 뭐하고 싶니?"에 대한 답을 먼저 찾아야 그 다음 살 길이 보인다.

김종헌 사장은 서울 종로에서 나고 자랐다. 등·하굣길에 인사동을 기웃거리던 학창 시절, 그는 고서화의 매력에 푹 빠졌다. 중학교 때 정식으로 서예에 입문한 그는 재능을 인정받아 당대 최고의 서예가들에게 가르침을 받았다. 그러나 결국 서예가의 길은 걷지 못하고 일반적으로 그렇듯 대학에 들어가 취업을 준비했다. 그래도 철학을 전공하던 대학 때는 한 달 내내 방에 틀어박혀 연습할 정도로 서예에 심취할 수 있었다. 하지만 취업 후에는 그것마저도 여의치 않았다. 잦은 야근과 해외 근무 때문에 붓과 벼루를 손에서 놓아야 했다.

말단사원으로 입사해 남영비비안 CEO의 자리에 오를 때까지 김종헌 사장은 앞만 보며 달렸다. 그러다 55세가 되던 해 사표를 내고 그 자리에서 은퇴했다. 구조조정의 압박, 매일 술에 쩔어 사는 생활을 끝내야겠다는 생각이 들었기 때문이다. 그렇게 홀연히 아내와 함께 강원도 춘천으로 내려갔다. 그리고 그곳에 20년 동안 마음으로 꿈꿔온 북카페를 열었다. 그가 애착을 갖고 틈틈이 수집한 고서화와 서예작품 2만여 점이 함께하는 고풍스러운 공간이다.

　　김종헌 사장은 인생 2막에서 비로소 서예와 다시 조우했다. 꽤 오랜 시간이 지났지만 서예에 대한 그의 사랑은 변함이 없다. 카페를 청소하고 빵을 굽고 손님을 맞이하는 틈틈이 붓을 드는 시간이 그에게는 가장 큰 행복이다. 글씨 보는 안목 역시 녹슬지 않아 카페 곳곳에서 수준 높은 서예작품들을 감상할 수 있다. 최근에는 한글세대에게 서예의 진가를 알리기 위해 서예해설서를 출간하기도 했다.

　　김종헌 사장에게 서예와 고서화가 있는 것처럼, 당신에게도 마음을 사로잡는 인생 소재가 있는가? 인생 2막에는 인생 1막보다는 업그레이드된 선택의 패턴이 필요하다. 과거-현재-미래로 이어지는 내 인생의 방향을 생존이 아닌 자아실현으로 향하는 것이다.

　　간혹 너무 오래돼서 자신이 진심으로 원하는 자아실현의 방향이 헷갈릴 수도 있다. 그렇다면 어린 시절 혹은 젊었을 때를 되돌아보자. 그때 나를 설레게 한 일들이 자아실현으로 연결된 미래를 알려주는 이정표가 될지도 모른다.

인생 2막을 자아실현으로 설계한 사람들은 공통적으로 말한다. 그것이 경제적으로 부유해지는 길은 아니라고. 나에게 필요한 최소한의 비용으로 정서적인 풍요를 얻기 위해 선택한 길이라고. 내가 좋아하는 일을 새롭게 익혀서 단독으로 즐겨도 좋고, 기존에 하던 일과 융합해 생계로 활용해도 좋다. 경험도 관심도 없는 닭 튀기는 일보다는 즐겁게 임할 수 있는 자아실현의 길이 성공 가능성도 높을 테니까. IT 전문가에서 장애인 전문 사진사로 변신한 나종민 대표는 은퇴를 준비하는 사람들에게 이렇게 이야기한다.

은퇴 강연을 가면 사람들이 가장 많이 물어보는 것이

수입과 관련된 얘기입니다.

돈을 좇겠다면 대부분 다시 돈을 벌기 위해 다른 일을 찾게 되고

진정한 은퇴를 하지 못합니다.

본인이 좋아하고 행복한 일을 찾는 것이 돈보다 먼저여야

진짜 은퇴를 할 수 있습니다.

돈 말고 행복을 좇으세요. 재미있는 일을 찾으세요.

그 일로 삶이 바뀌고, 사람이 모이며, 나중에 돈도 따라오게 됩니다.

- "돈 좇으면 죽어도 은퇴 못한다…인생 2막 행복 찾아 뛰어라",

〈뉴스1〉, 2014년 5월 14일 자

과거부터 지금까지 당신의 삶 속에서 마음을 사로잡았던 인생 소재를 발굴하라. 없다면 지금부터 만들어라. 먹고사는 데 급급했던 선택의 패턴을 업그레이드해야 내가 이 세상에 태어난 의미를 남기고 돌아갈 수 있다.

CHAPTER 4

멀리 보고, 마음에 귀를 기울여라

연대기 CHRONICLE
- 삶을 한눈에 들여다보는 청사진 -

셀프 플래닝 SELF PLANNING

들쭉날쭉한 인생도 멀리서 보면
부드럽게 성장하고 있다

청사진

미래에 대한 희망적인 계획이나 구상을 이르는 말.

인간의 존재 이유를 밝히기 위해 역사 속 수많은 철학자가 밤을 지새
웠다. 장고 끝에 다양한 깨달음을 얻었지만 저마다의 이론일 뿐, 아무
도 정답은 알 수 없다. 누구도 정답을 알려줄 수 없기에, 자신의 삶에
대한 해답은 스스로 찾아야 한다. '나는 왜 태어났고 어떤 길을 걷다
가 어떤 의미를 깨닫고 죽을지'를 정하는 일이다.

시간, 공간, 조력자, 환경적 제약 모두 나의 자원이자 기회다. 이
것들을 적절히 활용해 자신이 정한 방향으로 밀고가든, 잘 풀리지
않아 수정해가든, 삶의 모든 원인과 결과는 나의 선택에서 비롯된다.
타인을 탓할 수도 이미 정해진 자원을 탓할 수도 없다.

제한된 상황에서 최종 선택권자로서 최적의 의사 결정을 내리
려면 자기 인생을 스스로 리드하고 통제하고 책임지는 '셀프 리더십'

이 필요하다. 셀프 리더십은 자신의 삶을 통찰하는 데서 시작한다. 나는 지금 인생의 어느 지점에 서 있는가? 지금까지 밟아온 인생 루트에는 무엇이 담겨 있는가? 앞으로는 인생을 어느 방향으로 끌고갈 것인가? 자신의 연대기를 직접 그려보면서 마음속 생각과 다짐을 정리해보자. 이 한 장의 청사진으로 인생의 큰 흐름을 잡아볼 수 있다.

연대기 곡선은 '인생은 성장한다'는 관점에서 부드러운 상승 곡선을 그린다. 일상을 가까이 들여다보면 여러 사건이 얽히고설켜 때로는 상승하고 때로는 하강하는 느낌이 들 수 있다. 그러나 인생의 시작과 끝을 한번에 조망한다면 미약했던 내가 장기적으로 완만하게 성장해왔음을 확인할 수 있다.

연대기 곡선을 채울 때는 일상의 좁은 시야에서 벗어나 넓은 시각으로 인생 전체를 바라봐야 한다. 그러면 지금까지 내 삶이 어떻게 흘러왔는지, 앞으로 이 흐름을 어디로 끌고가야 할지 인생의 방향에 대한 감이 잡힌다. 또 하나, 삶의 균형이 깨진 곳은 없는지 확인해야 한다. 중요 사건과 소중한 장면이 어느 한쪽 측면으로 치우쳐 있지는 않은가? 인간·사회관계, 일·공부, 여가·놀이가 인생 전반에 골고루 포진되도록 관련 활동을 넣고 빼서 조정해보자.

[인간·사회관계 측면]	[일·공부 측면]	[여가·놀이 측면]
가족, 친구, 동료, 동호회, 사회봉사, 지역사회 관계	학업, 진학, 자기계발 등 자립과 성취	취미, 관심사, 놀이, 건강, 휴식 등 자유 시간 활용

나의 연대기 곡선

● 내 인생의 중요 사건과 소중한 장면들로 연대기 곡선을 채워보자.

❶ 탄생과 죽음

태어날 때는 0세, 그럼 죽을 때는 몇 살쯤일까? 빈칸에 자신의 예상수명을 적는다.

❷ 중요 사건(★)

살면서 큰 깨달음이나 변화를 겪은 나이와 내용을 적는다.

❸ 소중한 장면(●)

중요 사건을 기준으로 4개의 구간이 생겼다. 그 사이사이에 내 삶에서 소중한 의미를 지니는 장면의 나이와 내용을 적는다.(최소 2개 이상)

(Tip. 현재 나이 이전은 실제 일어난 내용을, 이후는 예상 또는 계획하는 내용을 적는다.)

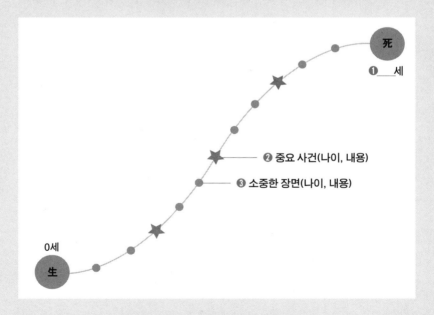

오늘 그린 연대기 곡선이 내 인생의 정답은 아니다. 그저 지금 위치에 서서 과거-현재-미래를 이으며 발견한 오늘의 해답일 뿐이다. 앞으로도 일어날 여러 사건들 속에서 우리는 계속 성장하며 삶에 대한 관점을 성숙시킬 것이다. 따라서 때로는 인생의 방향을 잃지 않도록, 때로는 조금 더 업그레이드된 방향으로 나아가도록 지속적인 업데이트가 필요하다.

비극은 시력은 있으나 비전이 없는 것이다

헬렌 켈러는 어린 시절 큰 병을 앓았다. 구사일생으로 살았으나 시각과 청각을 잃은 중복 장애인이 되었다. 다행히 가정교사 설리번의 도움으로 장애를 딛고 작가 겸 교육자, 사회주의 운동가로 성장할 수 있었다. 그녀는 평생 소수자의 인권을 위해 활발히 활동하며 대중에게 희망과 용기의 메시지를 전했다.

> 맹인으로 태어나는 것보다 더 비극적인 일은
> 시력은 있으나 비전이 없는 것이다.
> **- 헬렌 켈러**

이런 헬렌도 처음에는 나약한 어린아이에 불과했다. 외부 세상을 두려워하는 그녀에게 설리번 선생님은 마음으로 보는 법을 가르쳤다. 영화 〈미라클 워커〉를 보면 물이라는 단어를 가르치기 위해 헬렌의 손에 직접 물을 부어주는 설리번의 모습이 나온다. 이렇게 세상을 알아가는 기쁨 속에 삶에 대한 의지가 생긴 헬렌은 쉼 없는 노력 끝에 존경받는 인물로 남았다. 결과는 그렇다. 하지만 헬렌이 실제 맞닥뜨린 삶의 과정은 우리의 예상보다 훨씬 야박했다.

10살에 천재소녀로 주목받은 헬렌은 남들에게 보이는 삶을 살 수밖에 없었다. 무사히 대학을 졸업한 후에야 그녀의 천재성이 과장

되었다는 풍문을 잠재울 수 있었다. 설리번과 헬렌이 착취 관계라는 의심도 묵묵히 이겨내야 했다. 헬렌의 부모는 후원금을 착복했고, 그녀 앞으로 단 한 푼의 유산도 남기지 않았다. 유명세와는 달리 생계가 어려워 후원금에 의존하거나 행사를 뛰어야 하는 상황이 벌어지곤 했다. 그녀가 사회주의 지지를 표명했을 때도 언론과 반대파에서 장애를 문제 삼아 공격하기 일쑤였다.

이런 어려움 속에서 헬렌을 굳건히 버티게 해준 것은 무엇일까? 그것은 바로 '시력은 없지만 비전이 있었다.'는 사실이다. 설리번이 헬렌에게 전해준 헌신적 교육의 핵심은 삶에 대한 강력한 비전을 심어주는 것이었다. 장애를 갖고 있지만 왜 세상을 살아가야 하는지, 장애를 갖고도 제대로 살기 위해서는 무엇을 해야 하는지 등등 이런 것들이 헬렌을 장애라는 감옥에서 벗어나 마음의 눈으로 세상을 살게 한 원동력이 되었다. 덕분에 그녀는 장애와 사회적 편견 속에서도 스스로의 삶에 의미를 만들었다. 그리고 그 의미는 타인의 삶에도 영향을 미칠 만큼 충분히 강력했다.

인생을 기획하고 감독하는 모든 권한과 책임은 자기 자신에게 있다. 당연한 말 같지만 살면서 이런저런 장애물에 부딪치다 보면 그 권한과 책임이 내 것이 아닌 것처럼 느껴질 때가 많다. 특히, 감당하기 어려운 위기를 맞으면 삶의 방향을 잃은 채 이리저리 표류하기 쉽다. 이때 인생의 미션과 비전이 자기 안에 확고히 자리 잡은 경우라면 좀 더 빨리 절망의 늪에서 빠져나와 새로운 의사 결정을 내릴 수 있다.

미션과 비전은 자기 삶을 주도하는 셀프 리더십의 주축이 된다. 미션은 인생을 포괄하는 가장 큰 상위개념으로 나의 존재 이유를 말해준다. 비전은 그 미션을 달성하기 위한 5~10년 단위의 구체적인 목표를 말한다. 타고난 배경이나 외부 환경의 변화는 이미 정해져 있다. 그렇기 때문에 환경을 탓할 수도 또, 억지로 바꿀 수도 없는 것이다. 그러나 삶의 목적인 미션과 비전은 유일하게 내 의지로 정의하고 스스로 완성해갈 수 있다.

이유와 방향을 알면 인생은 보답한다

조선시대 양반집 자제들은 관직에 나가 입신하는 것이 인생의 큰 목표였다. 정약용도 예외는 아니어서 20대 초반 성균관에 입학해 입신 생활을 시작했다. 성균관 시절 정조의 신임을 받은 그는 일찌감치 주요 관직을 거치며 승승장구했다. 개혁정신과 민본주의 사상에 뜻을 둔 그는 기존의 유학뿐만 아니라 서양과학, 천문학, 지리학, 의학 등 새로운 학문을 두루 접했다. 문신이었던 그가 거중기를 개발해 한강에 배다리를 놓고, 수원화성을 쌓는 데 공로를 세울 수 있었던 건 이와 같은 그의 학문적 배경 덕분이었다. 그는 백성의 생활과 나라 경제에 실질적으로 도움이 되는 학문이 필요하다고 생각한 대표적인 실학자였다.

그러나 순탄한 관직생활은 10여 년에 불과했다. 정조가 세상을 떠난 후 정계에서 배제된 그는 천주교 박해사건인 '신유사화'에 연루되어 18년의 유배생활을 해야만 했다. 유배생활 초기 천주교도라는 소문 때문에 마을 사람들도 그를 배척했다. 기거할 곳이 마땅치 않아 주막에 딸린 작은 방에 머물거나 이 집 저 집을 전전했다. 그 와중에도 학문 연구에 전념하는 그의 모습에는 변함이 없었다.

8년의 뜨내기 생활 끝에 비로소 다산초당에 자리 잡은 그는 본격적으로 연구와 집필에 매진했다. 《목민심서》, 《경세유표》, 《흠흠신서》 등 부국강병과 경세經世에 관련된 500여 권의 저서가 대부분 이때 완성됐다. 이후 유배에서 풀려나 고향에 돌아왔을 무렵에는 이미 환갑을 바라보는 나이가 되었다. 관직에 나가 뜻을 펴지 못하는 대신 그는 사람들이 세상을 다스리는 법을 깨우치도록 교육과 저서 전파에 힘썼다. 동시에 그동안의 학문을 정리해 실학사상을 집대성하며 여생을 보냈다.

누구에게나 삶이 순탄치만은 않다. 열심히 노력하며 살고 특별히 잘못한 것이 없어도 언제든지 바닥에 내동댕이쳐질 수 있는 것이 인생이다. 그럴 때면 누구나 뜻대로 되지 않는 인생에 좌절감이 들기 마련이다. 게다가 영영 재기할 가능성마저 보이지 않는다면? 운명이나 환경을 원망하며 원래 뜻한 바를 포기하기 십상이다. 정약용의 인생도 마찬가지였다. 한창 관직에서 뜻을 펼칠 나이에 기약 없는 귀양

살이를 시작한 그는 어떤 마음이었을까? 백성을 중시하던 그에게 정작 그 백성들이 천주교도라고 욕하며 등까지 돌렸다. 기거할 곳이 없어 연구하던 책을 싸들고 이리저리 떠밀려 다녀야 했다. 그러면서도 그가 학문에 집중할 수 있었던 원동력은 무엇일까?

그는 백성의 삶을 윤택하게 하고 국가경제를 부흥시키는 것이 자신의 본분이라고 굳게 믿었다. 자기 인생의 뚜렷한 목적, 즉 미션이 있었기에 수많은 고난과 역경에도 뜻을 꺾지 않고 밀고나갈 수 있었던 것이다. 다만 미션 달성을 위한 세부 목표인 비전은 상황에 적합한 형태로 수정되어갔다.

30대 이전에는 관직에 나아가 뜻을 펼치려 했고, 관직 진출이 불가해진 40~50대에는 저술을 통해 자신의 뜻을 학문으로 정립하려 했다. 방대한 저술이 마무리된 60대 이후에는 사람들에게 그 뜻을 널리 알리고자 했다. 인생 후반에 그는 '다음 시대를 기다린다'는 의미가 담긴 '사암俟菴'이라는 호를 즐겨 사용했다. 인생의 굴곡 앞에서도 자신이 뜻한 바를 이루기 위해 묵묵히 갈고닦은 그의 사상은 조선의 근대화에 기여한 선견지명으로 현세에 널리 인정받고 있다.

귀양살이의 역경을 학문 발전의 계기로 삼은 것은 누군가가 지시한 운명이 아니다. 정약용이 위인으로 예정돼 있어서 나타난 결과도 아니다. 그저 정약용이라는 일개 개인이 자기 인생에 찾아온 위기를 어떻게 해석해서 대응할지 스스로 결정한 것이다. 자신이 정한 길이지만 그 길을 걷는 과정은 결과를 알 수 없는 길고 지루한 싸움이었다. 그 싸움에서 정약용을 끝까지 버티게 해준 것은 다름 아닌 자기 삶에 대한 확고한 방향과 그 뜻을 이루겠다는 의지였다.

부럽다고 남의 집에 갈 수는 없다

G와 H는 고등학교 동창이다. G는 국내 대학 디자인학과에 입학했고, H는 수능 성적이 좋지 않아 이름 없는 미국 대학에 뒤늦게 들어갔다. 디자인을 전공한 G는 공부를 더 하고자 미국 커뮤니티 대학에서 2년을 보내고 취업을 위해 한국으로 돌아왔다. 그사이 H도 미국에서 대학을 졸업하고 국내 유명 사립대학교의 국제대학원을 다니며 석사학위를 취득했다. 디자인 회사에 취업해 일하던 G는 최근 H가 석사를 마치고 유명 외국계 기업의 영업부에 취업했다는 소식을 들었다.

"그 소식 듣자마자 기분이 상하더라고요. 금수저, 흙수저가 이런 건가 해서요.

고등학교 때 저보다 공부도 한참 못했던 애예요.

수능점수는 안 나왔지만 집에 돈 좀 있으니 미국에 있는 대학에 보낸 거죠.

4년 내내 영어를 했을 테니 한국 와서 국제대학원에 입학하는 건 식은 죽 먹기였겠죠?

저는 정보도, 돈도 없어서 미국에 2년밖에 못 있었는데…

원서 낼 때 외제차 끌고 갔다는 것까지 마음에 안 들어요.

요즘은 돈이면 다 되나 싶어 억울해요."

G의 이야기를 듣고 있자니 문득 추운 겨울밤 안국역 버스정류장에 서 있던 때가 떠올랐다. 정류장에 있는 전광판을 보니 우리 집으로 향하는 162번 버스는 9분 후 도착 예정이었다. 영하의 온도에 발을 동동 구르며 서 있는데 정류장에 이제 막 도착한 남자가 방금 도착한 271번 버스에 올라 유유히 떠나는 게 아닌가. 나는 아직도 4분이나 더 기다려야 하는데 말이다. '저 사람 운 좋네.'라는 생각이 드는 순간 피식 웃음이 나왔다. 우리네 인생과 비슷한 것 같아서.

개인마다 자기 집에 가는 노선은 전부 다르다. 부럽다고 남의 노선을 타면 분명 엉뚱한 곳에서 헤맬 것이다. 자기 집이라는 목적지가 명확하기 때문에 우리는 보통 다른 사람의 노선을 크게 신경 쓰거나 부러워하지 않는다. 버스를 타든 지하철을 타든 택시를 타든 속도, 비용, 승차감에서만 차이가 날 뿐 결국 목적지는 각자의 집이다. 정작 G를 괴롭히는 건 H의 존재가 아니다. 2년이나마 유학을 다녀올 정도면 흙수저라 그런 것도 아니다. G가 괴로운 근본 원인은 자기 인생의 방향에 대한 확신이 없다는 데 있다. 목적지가 불분명하니 자가용 타고 먼저 출발한 H가 부러울 수밖에 없다. H의 목적지는 자신의 목적지와 전혀 다른 방향인데도 말이다.

인생의 목적지가 뚜렷한 사람은 외부 환경에 크게 영향을 받지 않으며 매일 반복되는 지루한 일상을 묵묵히 이겨낼 수 있다. 선택의 순간에도 가야 할 방향을 알기에 비교적 손쉬운 의사 결정이 가능하다. 그리고 무엇보다 역경 앞에서 자신을 보호하고 통제할 수 있다. 보통 어려움이 닥치면 삶을 바라보는 시야가 좁아지기 마련이다. 그래서 마치 오늘로 세상이 끝나는 것처럼 좌절하거나 현재의 우울한 상태에 집착하게 된다. 이런 때는 강력한 미션과 비전을 가지고 시야를 넓고 깊게 바꿔야 한다. 삶의 방향을 내다보는 장기적 안목이 생기면 난관을 버텨낼 힘을 얻을 수 있을 뿐만 아니라 그 난관에서 벗어날 묘안도 떠올릴 수 있다.

가슴 뛰는 그림을 그려라

미션과 비전이 삶과 긴밀하게 연결되려면 내 심장을 울리는 주제를 찾아야 한다. 자기 인생에 대한 반추와 전망이 없으면 그저 행복하게 살겠다거나 사회에 기여하겠다와 같은 일반적인 내용밖에 떠오르지 않는다. 누구나 원하는 당연한 인생의 결론은 강력한 미션이나 비전이 될 수 없다. 마음을 움직이거나 의지를 샘솟게 하지 못할뿐더러 어떤 것부터 실행해야 할지 구체적인 방향도 제시하지 못하기 때문이다. 무엇을 어떻게 해야 행복을 느낄 수 있는지, 사회에 기여했다는 충족감은 어떻게 해야 가질 수 있는 건지 구체적인 나만의 정의를 내려야 한다. 그러려면 타인의 시선이나 사회적 기준을 의식하지 않으면서 솔직하게 내 마음을 들여다볼 시간이 필요하다.

그렇게 찾은 인생의 미션과 비전이 있다면 글이나 그림으로 표현해볼 것을 강력히 권한다. 가족 행복 전도사로 활동하는 송길원 대표는 부산의 조그만 사무실에서 사업을 시작했다. 사업 초기, 그는 열 평 남짓한 공간에 앉아 한 장의 그림을 그렸다. 당시 꿈꾸던 가족 단위의 체험 공간을 그림으로 그려본 것이다. 건물 안에는 여러 종류의 체험장을, 마당 한편에는 야외무대와 산책로를 그려 넣었다. 그림만 보고 있어도 뿌듯한 마음이 들던 시절이었다. 그로부터 20년이 지난 어느 날 그는 까맣게 잊고 지내던 그 그림을 다시 떠올리게 된다. 그리고 깨닫는다. 꿈을 표현하는 것이 얼마나 중요한지를! 양평센터 준공식을 하던 날 자신이 지어놓은 건물이 예전 그림 속 건물과 똑같다는 것을 발견했기 때문이다.

미션과 비전은 눈에 보일 듯, 손에 잡힐 듯 생생하게 이미지로 각인돼야 그 달성 확률이 높아진다. 뇌과학 전문가들에 따르면 뇌는 실제 정보와 시각 정보를 명확하게 구분하지 못하고 자의적으로 해석해 경험을 구성한다. 그러므로 현실과 혼동될 만큼 생생한 하나의 장면으로 미션과 비전을 스스로에게 입력하는 것이 중요하다. 미래의 어느 날 당신이 예전에 쓰고 그린 꿈들이 눈앞에 현실로 펼쳐지는 놀라운 경험을 하게 될 것이다.

CHAPTER 5

작은 시도로
막연한 불안을
떨쳐내라

실행 PRACTICE

- 작은 시도가 모여 만드는 새로운 미래 -

가까운 미래를 자주 상상하라

비전

상상력, 직감력, 통찰력 등을 뜻하거나 미래상, 미래의 전망,
선견지명 등의 뜻을 가지고 있는 용어.

집을 지을 때 보통 주춧돌을 깔고 기둥을 세우고 외벽을 쌓은 뒤 그
위에 지붕을 올린다. 비전을 이루는 방법도 이와 유사하다. 자신이 평
소 중요시하는 가치를 바탕으로 일상의 여러 활동들이 차곡차곡 쌓
여 어느 날 꿈꾸던 비전을 이루게 된다. 그 모습을 한 장에 담은 그림
이 '비전 하우스'다. 연대기 곡선이 멀리서 인생의 흐름을 한눈에 살
피는 것이라면, 비전 하우스는 지금 서 있는 곳에서 5~10년 후의 구
간을 가까이 들여다보는 것이다. 구체적인 목표와 실행 방법이 담기
기 때문에 단기 혹은 중기 플랜으로 적합하다.

비전 하우스 세우기

❶ **주춧돌** | 내 삶에서 중요한 가치단어 3~5가지를 적는다.

❷ **기둥** | 관계, 일, 여가의 측면에서 5년 안에 하고 싶은 일을 적는다.

❸ **지붕** | 5년 후 목표하는 내 모습을 적는다.

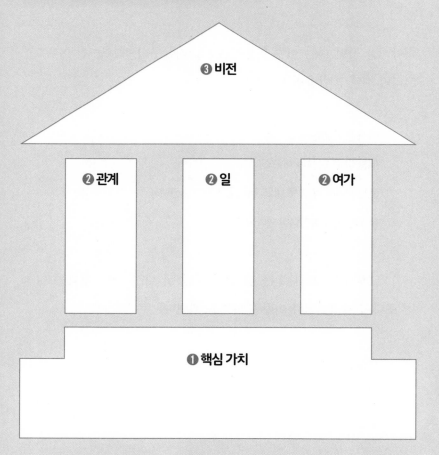

지금 못하는 것은 나중에도 못한다

"나중에 창업해서 내 사업하며 살려고요."

"나중에 작은 카페나 공방 차려서 여유롭게 살고 싶어요."

"나중에 글 써서 책 내면 좋겠어요."

"나중에 전 세계 여행하며 살 겁니다."

이야기를 듣던 나는 이렇게 묻곤 한다. "지금부터 해보는 건 어때요?" 그러면 대다수 반응이 비슷하다.

"아직 돈이 없는 걸요."

"애들 다 큰 다음에 해야죠."

"눈치 보여서 휴가 못 내요. 책상 없어지면 어쩝니까?"

"돈 되는 창업아이템이 있나요?"

그렇게 몇 개월 혹은 몇 년이 지난 뒤 다시 만나 대화를 나누면 또다시 입버릇처럼 이런 이야기를 꺼낸다.

"이럴 땐 정말 창업하고 싶다니까요."

"카페나 하면서 살까요?"

"얼른 책 한 권 써야 하는데…."

대화가 이렇게 반복되면 '지금 하라'는 단순 명료한 해법을 언급하기도 민망해진다. 해보려는 의지가 있다기보다 현재의 고통을 회피하는 달콤한 꿈을 원한다는 것을 짐작할 수 있어서다. 그 꿈마저 깨버리면 일상이 너무 우울하겠지? 사람은 희망을 먹고사는 존재라고 누군가 말하지 않았던가.

그럼에도 현실 직시는 분명 필요하다. 먼 미래로 여기는 나중이 지금 이 순간으로 다가올 날은 생각처럼 멀지 않기 때문이다. 지금도 없는 돈과 시간, 마음의 여유가 나중에 생기리라는 보장도 없다. 심지어 나중에는 지금 갖고 있는 젊음, 건강, 열정조차 사라질지 모른다. 지금의 나는 미래의 나보다 항상 젊다. 아직 걸어 다닐 만큼 건강하고 무엇인가 하고 싶은 마음도 든다. 이렇게 멀쩡한 지금도 못하는 것은 나중에도 현실로 이루지 못하고 꿈만 꿀 가능성이 크다.

머릿속으로 좋아한다고 믿는 일이 실제로도 좋아하는 일일까

현재의 달콤한 꿈이 나중에 살벌한 현실로 다가오지 않으려면 한 살이라도 젊은 지금 준비를 시작해야 한다. 거창한 준비는 필요 없다. 작은 시도 하나만으로도 미래에 대한 검증은 충분하다. 일단 머릿속에 담아둔 것을 몸으로 시도하자. 그래야 막연히 '하고 싶다'고 떠올리는 일들이 미래에 헛된 희망이 될지 참된 희망이 될지 확인할 수 있다. '헛되다, 참되다'의 구분은 보통 4가지 갈래로 나뉜다.

생각만 하던 것을 작은 시도로 실행에 옮겼을 때,

- **실제로 좋아하고, 실제로 잘할 수 있다.**
  자아실현용, 생계용, 취미용 모두 가능

- **실제로 좋아하는데, 실제로 잘하지는 못한다.**
  자아실현용, 취미용으로 가능

- **실제로 좋아하지 않지만, 실제로 잘할 수는 있다.**
  생계용으로 가능

- **실제로 좋아하지도 않고, 실제로 잘하지도 못한다.**
  고려 대상에서 제외

스스로 좋아서 희망한 일들이 실제 시도했을 때 자기와 잘 맞지 않는 경우가 의외로 많다. 그 일의 고된 현실을 몰랐거나 막상 해보니 재미나 재능이 없어서다. 한 예로 글 쓰는 작가가 되고 싶다는 사람들은 이런 일상을 꿈꾼다. 여유로운 아침 한잔의 커피와 함께 컴퓨터 앞에 앉는다. 부드럽게 퍼지는 햇살 속에 잔잔한 음악을 들으며 자판을 두드린다. 자유롭게 상상의 나래를 펴는 이 시간이 그 어느 때보다 행복하다. 정말 행복하기만 할까?

《청춘 파산》으로 신춘문예에 당선한 김의경 작가는 10여 년의 습작 기간과 탈락의 고배를 14번 마신 끝에 등단했다. 그동안 백화점 판매원, 피자 주문 콜센터 상담원, 아이스크림 판매원, 상가 수첩 배포인, 지금은 사라진 인간 CCTV까지 안 해본 아르바이트가 없다고 한다. 생활비를 벌기 위해 한 달에 열흘은 단기 아르바이트를 하고 나머지 시간은 꼬박 소설 쓰기에 투자했다. 문학상에 응모할 때마다 문턱에서 떨어지다 보니 당선 기사 보는 것마저 두려웠다. 그래도 고단한 삶에 소설 쓰기가 유일한 오락이자 위로였기에 포기하지 않고 계속 도전할 수 있었다. 자, 이렇게 노력해서 등단에 성공했으니 이제 고생 끝, 행복 시작일까?

장강명 작가는 《표백》으로 한겨레문학상을 받았다. 그는 매일 스톱워치로 시간을 재고 엑셀로 그 성과를 기록하며 글을 쓴다. 하루에 글 쓰는 시간은 한국인 연평균 노동시간을 고려해 9.5시간에 맞췄다. 따로 정해진 출퇴근 시간이 없다 보니 스스로 관리하지 않으면 밤새 글을 쓰거나 14시간 넘게 늦잠을 자버려 생활리듬이 깨지고 말기 때문이다. 그래도 소설계에서는 나름 이름난 작가인데 먹고살 걱정은 안 해도 되지 않을까? 문학상도 많이 받았고 소설 분야 베스트셀러 1위도 해봤지만 기본 생계조차 해결되지 않았다. 출산을 포기하고 '딩크족'을 선택한 데에는 이런 경제 상황도 한몫했다. 딩크족Dink은 'Double Income, No Kids'의 약자로 일반적인 결혼생활을 유지하면서도 의도적으로 자녀를 낳지 않는 맞벌이 부부를 일컫는 말이다. 그래도 자기 삶의 의미를 찾기 위해 선택한 일이기에 오늘도 부지런히 글을 쓴다.

"하지 마라. 작가로 먹고살기 정말 힘들다. 요즘은 작가 되는 데 필요한 몇 년간의 습작 기간을 버텨내기 어렵다. 아르바이트로 돈도 벌어야 하고, 가족의 기대도 충족시켜야 한다. 그걸 다하면서 글을 쓰기란 쉽지 않다." 베스트셀러 작가 김영하가 작가 지망생들에게 던진 쓴소리다. 당신이 만일 달콤한 작가의 꿈을 꾸고 있다면 어떤 방식이든 글쓰기를 시도해봐야 한다. 그래야 이런 현실적인 정보를 접하게 된다. 직접 체험해야 본인의 의지와 능력이 냉혹한 현실을 극복할 만큼 강인한지 확인할 수 있다.

이것은 모든 꿈과 희망 사항에 그대로 적용된다. 막연하게 하고 싶은 일이 있다면 곧바로 시도해보자. 실행했을 때 어려움을 감수할 만큼 만족스럽고 잘해낼 수 있다면 인생 2막의 소재로 선택해도 좋다. 자아실현용이든 생계용이든 취미용이든 어떤 식으로 발전시켜도 무방하다. 그러나 실제 선호나 역량이 예상과 불일치한다면 취미로 남길지 돈이라도 벌지 아예 고려 대상에서 빼버릴지 냉철히 판단해야 한다.

그래도 인생 2막의 소재 찾기는 인생 1막 때보다는 수월한 편이다. 그동안 다져온 물리적·사회적·정서적 기반이 있기 때문이다. 20대 중반에 습작을 시작한 김의경 작가는 아무런 기반이 없어 아르바이트로 생계를 유지하며 갖은 고생을 다했다. 반면 장강명 작가는 기자로 일하면서 매일 30분 혹은 1시간씩 틈을 내어 습작했다. 그래서 재직 중에 등단할 수 있었고, 어느 정도 독립이 준비됐을 때 전업 작가를 선언했다.

작은 시도란 이렇게 지금 하는 일을 유지하면서 제2의 인생 소재를 결정하고 준비하는 것이다. 열정만으로 혹은 욱하는 마음에 하던 일을 때려치우고 큰 시도를 도모하지는 말자. 인생이 복불복도 아니고, 치기 어린 행동을 해도 될 나이는 지났으니까. 대신 작은 시도를 통해 큰 그림을 그릴 줄 아는 여유와 현명함을 발휘하자. 막연한 생각과 냉엄한 현실은 결코 일치하지 않는다. 작게, 더 많이 시도해야 내가 무엇을 잘하고 즐기는지 알 수 있다. 그래야 빠르고 깔끔한 포기도 가능해진다.

작게, 작게 시도하라

우리가 자꾸만 달콤한 꿈에 머무르려는 이유는 마음 깊은 곳에 짙게 깔린 불안감 때문이다. 미래의 불확실성에서 파생된 막연한 불안. 우리가 입버릇처럼 말하는 생계나 현실적 장애물이 실은 인생의 의사결정을 방해하는 핵심 요인이 아닐지도 모른다. 오히려 불확실한 미래와 그로 인한 불안감이 우리를 압도해 새로운 세계로 한 걸음도 나아가지 못하게 방해하는 것일지도.

창업을 꿈꾸던 일론 머스크 역시 미래에 대해 막연한 불안감을 느꼈다. "창업해도 괜찮을까? 돈을 하나도 못 벌면 어떻게 먹고살지?" 고민을 거듭하던 그는 '1달러 프로젝트'라는 간단한 시도를 해보기로 했다. 창업 이후 돈을 못 벌어도 자신이 버틸 수 있는지 알아보기 위해 하루에 1달러씩만 쓰면서 살아보는 것이었다. 우선 끼니 해결을 위해 냉동 핫도그와 오렌지 한 달치를 주문했다. 그리고 매일 그것만 먹으며 창업 아이템을 구상했다. 이렇게 한 달이 지났는데도 어라? 하루 1달러 생활이 생각보다 나쁘지 않았다. 다른 데 돈을 쓰지 않아도 매일 컴퓨터하며 즐겁게 지내는 자신을 발견한 것이다. "그래, 한 달에 최소 30달러만 벌면 되지 않겠어?" 생계에 대한 불안감을 떨쳐낸 그는 주저 없이 창업에 뛰어들었다.

그 무렵 그의 마음속에는 목표하는 창업 분야가 명확히 그려져 있었다. 인터넷, 에너지 그리고 우주산업. 이제 막 창업에 뛰어든 일개 개인이 우주산업을 목표로 하다니… 아무리 꿈이지만 너무 큰 꿈은 아니었을까? 일론 머스크는 우선 접근이 쉬운 인터넷사업으로 창업의 문을 열었다. 지역 정보를 제공하는 집투코퍼레이션, 인터넷

결제서비스인 페이팔이 성공하면서 그는 1.7억 달러의 자본가가 되었다. 그때부터 그는 그동안 꿈꿔온 에너지사업과 우주사업에 본격적으로 도전했다. 스페이스엑스를 설립한 그는 "우주여행을 위한 로켓을 저렴한 가격으로 만들겠다."는 비전을 밝혔다. 개인이 로켓을 발사하겠다고? 이건 너무 비현실적인 얘기야! 당시 대다수의 사람들은 그를 비웃었다.

그러나 일론 머스크는 인터넷사업으로 번 돈을 몽땅 투자하고 자신이 직접 로켓 디자인에 참여해 개인 로켓 발사를 시도했다. 여러 차례 실패를 거듭한 끝에 지금은 가장 저렴한 가격으로 우주에 물품을 수송하는 민간기업이 되었다. 최근에는 "20년 내에 화성에 식민지를 건설하겠다."는 청사진을 제시하기도 했다. 이번에는 아무도 그를 비웃지 못했다.

그는 우주사업을 추진하는 스페이스엑스 외에도 전기자동차 회사인 테슬라모터스, 저비용 그린에너지 공급을 목표로 하는 솔라시티를 경영하며 미래 산업을 주도하고 있다. 영화 〈아이언맨〉에는 최첨단 미래 기술을 능숙하게 다루는 공학자 겸 사업가 토니 스타크가 주인공으로 등장한다. 그 슈퍼히어로의 모델이 된 인물이 바로 일론 머스크다. 핫도그와 오렌지로 끼니를 때우던 예비 창업자가 어느새 미래 산업에서 가장 주목받는 CEO로 성장한 것이다.

"스스로를 한계적 상황에 넣어야 답을 찾을 수 있다.

1달러 프로젝트 덕분에 원하는 걸 하면 된다는 확신을 얻었다.

우리 자신의 그릇은 우리가 알고 있는 것보다 훨씬 더 크다.

그저 시도하라!"

그의 말처럼 1달러 프로젝트라는 작은 시도가 이 모든 것을 가능하게 했다. 작은 시도로 얻은 성취감이 자기 확신을 심어주기 때문이다. 단돈 1달러로 하루를 살아본 경험, 그것을 충분히 해낸 스스로에 대한 확신이 그를 막연한 불안감에서 해방시켜준 것이다. 이런 확신이 있었기에 그는 새로운 사업에 도전할 때마다 이전 사업에서 번 돈을 과감하게 재투자할 수 있었다.

모든 시작은 작은 시도에 뿌리를 두고 있다. 인생 2막을 준비하려면 하고 싶은 일을 머릿속으로만 그리는 상상놀이에서 과감하게 빠져나와야 한다. 현실이 아닌 상상 속에서 막연한 희망과 불안을 키우는 감정놀이도 그만두자. 그리고 그저 시도하자. 현실을 가만히 들여다보면 실제로 무엇이든 해볼 수 있는 물리적 환경은 충분하다. 부족한 것은 마음의 틈이다. 자기 마음에 틈을 허락하지 못하는 각박한 어른이 된 나 자신이 가장 큰 장애물인 것이다.

암벽등반에서도 가장 큰 장애물은 클라이머 스스로 만드는 두려움이다. 실제 각도는 60도 미만인데도 클라이머가 체감하는 각도는 90도 이상일 때가 많다. 이럴 때는 크게 한 번 심호흡을 하고 눈 앞에 보이는 가장 가까운 홀딩 지점을 찾아야 한다. 앞으로 조금만 움직이면 그 다음 움직임은 훨씬 더 과감해질 수 있기 때문이다. 마음의 여유도 마찬가지다. 예전에는 신경 쓰지 못한 새로운 방향으로 마음을 조금만 틀어보자. 딴짓이라 불러도 좋다. 내 마음이 수용하는 범위 안에서 작은 딴짓을 시도해보자.

"그걸 꼭 해봐야 아나? 안 해봐도 결론이 뻔한 걸."

"해본다고 달라질까? 나는 원래 이런 사람인데."

이렇게 스스로의 가능성을 내팽개치지 말고 일단 행동에 옮기자. 그러면 깨닫게 될 것이다. 별것 아니라고 여겼던 작은 시도가 그 성패와 상관없이 자신에게 얼마나 큰 선물을 남기는지를 말이다. "맞아, 난 이런 것도 할 수 있는 사람이지!" 자신에 대한 확신, 불확실한 미래를 헤쳐나가는 데 이보다 더 큰 무기는 없다.

PART 3

일상을 회복하는 시간

·

셀프 프로젝트
SELF PROJECT

·

CHAPTER 1

지금이라도,
진짜 나를
만들어가는 법

하고 싶지 않은 일을 하면서도
실패할 수 있다.

그러므로 이왕이면
사랑하는 일에 도전하는 것이 낫다.

- 짐 캐리, 영화배우 -

내 삶을 스토리텔링 하라

스토리텔링

'스토리story + 텔링telling'의 합성어로 '이야기하다'라는 의미.
즉 상대방에게 알리고자 하는 바를 재미있고 생생한 이야기로 설득력 있게
전달하는 행위.

자서전은 나를 스토리텔링 하는 최적의 툴이다. 나이가 많지 않아도 유명인이 아니어도 생애를 기록하는 것은 누구에게나 의미 있는 작업이다. 자기를 표현하는 동시에 되돌아볼 수 있는 기회가 돼주기 때문이다. 그런데 막상 자서전을 쓰려면 막막한 마음부터 든다. 내가 나를 가장 잘 안다고 생각했는데, 실제로 글로 옮기자니 어디서부터 어떻게 시작해야 할지 감이 오지 않기 때문이다.

그래서 준비했다. 인생의 주요 시기별 질문 리스트!

린다 스펜스의 《내 인생의 자서전 쓰는 법》에 수록된 450여 개의 질문들 중에서 참고할 만한 항목을 추렸다. 자서전을 쓸 때뿐만 아니라 앞으로의 삶을 계획할 때도 곱씹을 만한 질문들이다. 자서전의 형식은 자유다. 자기 이야기를 어떻게 풀어가고 싶은지 정하기 나

름이다. 시간 순서도 좋고, 중요 사건을 그룹핑해도 좋다. 나와 관련된 인물들을 중심으로 전개해도 좋고 사진이나 영상을 활용해 생동감 있게 구성해도 재미있을 것이다. 어떤 방식이든 상관없이 자신의 인생을 돌아보고 예측하다 보면, 그동안 막연하게만 여겨졌던 인생 전반에 대해 고찰할 수 있을 것이다.

자서전에 넣고 싶은 질문에 체크해보자.

● **출생과 어린 시절**

☐ 탄생, 유아기와 관련해 들은 이야기가 있는가?

☐ 어린 시절 친구들은 누구인가? 친구들과 무엇을 하고 싶었나?

☐ 어린 시절 일어난 가장 역사적인 사건은 무엇인가?

☐ 어릴 때 재미로 하던 일 중 지금도 하거나 혹은 다시 해보고 싶은 것은 무엇인가?

☐ 사랑받는다고 느꼈던 경험과 크게 상처받았던 경험을 이야기해보자.

☐ 어릴 때 방학을 어떻게 보냈는가? 가족들과 휴가를 함께 보냈는가?

☐ 죽음이라는 것을 처음으로 가까이 접한 때를 묘사해보자.

☐ 당신이 어릴 때 어머니와 아버지는 일상적으로 무엇을 하고 있었는가?

☐ 어린 시절의 자신이 지금 당신 앞에 서 있다면 무슨 이야기를 해주고 싶은가?

● 청소년기

☐ 학교, 학년, 학급을 떠올려보자. 학교생활에서 주된 관심사는 무엇이었는가?

☐ 수업 외에 다른 활동에도 참여했는가? 재미로 즐겨했던 것이 있는가?

☐ 가장 친했던 친구와 어떻게 만나게 되었는가? 서로에게 어떤 영향을 끼쳤는가?

☐ 누군가에게 첫눈에 반한 일을 이야기해보자.

☐ 어른들이나 같은 반 친구들이 당신을 어떻게 생각한다고 느꼈는가?

☐ 그 시절 알게 된 가족의 불화가 있는가? 당신에게 어떤 영향을 끼쳤는가?

☐ 청소년기를 거치며 어머니, 아버지와의 관계가 어떻게 변화했는가?

☐ 그 시절 미래에 바랐던 꿈과 야망은 무엇이었나?

☐ 그 시절 가장 힘들었던 부분을 이겨내도록 도와준 사람이나 사건이 있는가?

☐ 지금 당신의 10대 시절 모습을 어떻게 묘사하겠는가?
　　당시의 생각과 비교해보라.

● 성인이 되어

☐ 대학을 다녔다면 왜 그 대학을 선택했는가? 그 결과 장점과 단점은?

☐ 첫 직업은 무엇이었고 왜 그것을 선택했는가?

☐ 집을 떠나는 것은 당신에게 어떤 일이었는가?

☐ 친구들은 누구였고 함께 모여 무엇을 즐겨했는가?

☐ 사랑에 대해 품었던 환상과 실제 있었던 일을 말해보자.

☐ 여가 시간에 무엇을 즐겨했는가?

☐ 그 시절 했던 여행에 대해 이야기해보자.

☐ 그 시절 가장 힘들었던 점은 무엇이었고 어떻게 극복했는가?

☐ 역사와 사회를 향해 어떤 의견을 제시한 적이 있는가?

☐ 20대와 30대는 지금의 자신에게 어떤 의미로 남아 있는가?

● 결혼생활을 하면서

☐ 언제 서로에게 강하게 끌렸는가? 결혼 과정을 이야기해보자.

☐ 결혼 이후 배우자에 대해 처음으로 알게 된 것은 무엇인가?

☐ 처음 살았던 곳은 어디이고 어떻게 그 집을 마련했는가?

☐ 시댁 또는 처가 사람들에 대해 어떻게 느꼈는가?

☐ 가사 분담은 어떻게 이루어졌는가?

☐ 부부가 함께한 가장 의미 있는 시간에 대해 말해보자.

☐ 두 사람이 떨어져 지낸 때가 있는가? 그때 어떤 느낌이었는가?

☐ 결혼생활 중 개인적인 욕구 충족을 위해 어떤 방법을 찾았는가?

☐ 결혼생활 중 가장 힘들 때는 어디에서 도움을 받았는가?

☐ 훌륭한 결혼생활의 핵심은 무엇이라 생각하는가?

● 부모가 되어

☐ 아이를 기다리던 과정과 아이가 태어난 첫 순간의 기억을 말해보자.

☐ 아이의 특징은 무엇인가? 어떤 것이 유전이고 어떤 것이 습득된 것인가?

☐ 아이와 함께한 봄, 여름, 가을, 겨울에 대한 기억을 말해보자.

☐ 아이가 자랄 때 당신은 가족 이외에 어떤 것에 관심과 시간을 기울였나?

☐ 아이의 학교를 순서대로 말해보자. 아이의 친구들을 나이별로 떠올려보자.

☐ 아이가 특히 좋아했던 일은 무엇인가? 사랑스러웠던 에피소드는?

☐ 지금 알고 있는 지혜 중 그때 알았다면 아이를 다르게 키웠을 거라고
　 생각되는 것은?

☐ 자신의 직업이나 취미가 아이의 성장에 어떤 영향을 끼쳤는가?

☐ 아이가 자신의 품을 떠나 세상으로 출발한다고 느낀 시점은 언제인가?

☐ 아이에게 가장 전하고 싶은 메시지는 무엇인가?

● 중년으로 접어들어

☐ 자신이 살던 지역, 날씨, 문화, 집의 구조에 대해 설명해보자.

☐ 그 시절 무슨 일을 하고 있었는가? 그 일에 대해 어떻게 느꼈는가?

☐ 40대와 50대의 평일을 어떻게 보냈는가? 두 일상에 어떤 차이가 있는가?

☐ 아이, 배우자, 부모님, 친구들과 어떤 활동을 함께했는가?

☐ 오래도록 기억에 남는 휴가나 여행의 추억을 말해보자.

☐ 지역사회에 어떤 방식으로 관여했는가?

☐ 그 시절 가장 큰 즐거움과 가장 중요하게 여긴 가치를 말해보자.

☐ 지금이라면 다른 선택을 하리라 여겨지는 일이 있었는가?

☐ 스트레스와 압박을 느낄 때 무엇을 했는가?

☐ 그 시기 자신에 대해 무엇을 배웠는가? 감사한 점은 무엇인가?

● 할머니, 할아버지가 되어

☐ 손주들의 이름, 나이, 출생연도, 사는 곳을 적어보자.

☐ 태어난 손주를 처음 봤을 때의 느낌을 묘사해보자.

☐ 자신과 손주들의 생활에서 서로 연결된 부분이 있는가?

☐ 조부모가 되었을 때와 부모가 되었을 때의 감정과 태도를 비교해보자.

☐ 조부모가 되어 새롭게 배웠거나 충격을 받았던 일이 있는가?

☐ 자녀가 아이 기르는 법을 묻는다면 어떤 조언을 해줄 것인가?

☐ 손주들과 함께 하려고 옛날부터 마음속에 담아둔 것이 있는가?

☐ 손주들에게 조부모로서 격려의 말을 남겨보자.

☐ 손주들이 자신을 어떻게 기억해주기를 바라는가?

● 노년을 보내며

☐ 당신이 사는 곳을 그려보자. 그곳을 이상적으로 만드는 것은 무엇인가?

☐ 수입원은 어디인가? 건강을 지키기 위해 어떤 노력을 기울이는가?

☐ 가까이 지내는 가족은 누구인가? 그들과 어떤 시간을 보내고 싶은가?

☐ 과거에는 용납하지 않았지만 지금은 받아들이는 것은 무엇인가?

☐ 더 행복한 노년을 위해 준비해온 일이 있는가?

☐ 자신이 지역사회에 공헌할 수 있는 방법에는 무엇이 있는가?

☐ 최근 5년간 배운 것들 중에서 당신을 놀라게 한 것은 무엇인가?

☐ 나이가 들수록 더욱 강해지거나 여전히 지니고 있는 자신의 가치는?

☐ 당신의 인생에서 가장 아름답게 느껴지는 순간을 구체적으로 묘사해보자.

☐ 젊은 시절의 꿈은 어떻게 변화되었나? 여전히 남아 있는 꿈은 무엇인가?

☐ 지금 자기 인생에 대해 어떤 느낌이 드는가? 앞으로 무엇을 기대하는가?

● 인생을 회상하며

☐ 60, 70, 80, 90, 100세에 당신의 인생이 어떻게 되리라고 기대했는가?

☐ 사물, 장소, 아이디어, 사람들…. 살면서 사랑한 것은 무엇인가? 이유는?

☐ 자신이 쓴 글을 볼 때, 인생 전체에 일관되게 흐르는 요소는 무엇인가?

☐ 지금도 알 수 없는 인생의 수수께끼는 무엇인가?

☐ 당신이 살아온 인생을 축하하는 자리를 만든다면 어떻게 구성하고 싶은가?

☐ 당신은 어떤 방식으로 삶의 축복을 받아왔는가?

☐ 삶의 교훈이나 철학에 대해 하고 싶은 단 한마디 말이 있다면?

☐ 지금도 안타깝게 느끼는 일이 있는가? 그 슬픔을 줄이려면 무엇을 해야 할까?

☐ 지금까지 살아오면서 가장 행복했던 시간은 언제였는가?

● 앞에서 체크한 질문과 관련된 인상 깊은 기억을 간단히 적어보자.

출생과 어린 시절	
청소년기	
성인이 되어	
결혼생활을 하면서	
부모가 되어	
중년으로 접어들어	
할머니, 할아버지가 되어	
노년을 보내며	
인생을 회상하며	

카우치 포테이토로 시간을 보낼 것인가

자서전에는 한 사람의 일생이 담긴다. 자서전은 시간의 연속성 속에서 삶을 소재로 솔직하게 쓰는 것이 특징이다. 근대적 의미의 자서전은 서양의 개인주의와 더불어 발달했다. 인간의 정체성을 논할 때 한 사람의 존재 가치를 중요시하는 개인주의 사상이 반영된 것이다. 현대로 넘어오면서 소설, 에세이, 영상 등 그 형태도 다양해지고 문체도 변화했다. 최근 들어 두드러지는 특징은 능동성의 강조다. '나는 이렇게 되었다'는 수동형보다는 '나는 나를 이렇게 만들어나갔다'는 능동형이 대세다.

당신은 당신의 삶을 어떻게 만들어가고 있는가? 영화 〈예스맨〉에는 매사에 심드렁한 남자, 칼이 등장한다. 직업은 대출회사 상담직원, 평소 가장 많이 하는 말은 "No"이다. 그는 항상 세상 다 산 사람 같은 표정으로 대출 상담 고객에게도, 집에 초대하는 동료에게도, 같이 놀자는 친구에게도, 홍보 전단을 건네는 사람에게도 "No"를 연발한다. 회사에서는 로봇처럼 컴퓨터 자판을 두드리고, 집에 오면 '카우치 포테이토couch potato'가 되어 온종일 누워 지낸다. 카우치 포테이토는 하루 종일 소파에 누워 감자칩이나 먹으면서 TV만 보는 사람들을 이르는 말로, 이들은 일하는 것도 사람을 만나는 것도 전혀 즐겁지가 않다. 그렇다고 혼자 있는 시간이 행복한 것도 아니다.

하루하루 무의미한 일상을 보내던 칼은 우연히 옛 친구를 만나게 된다. 어색한 웃음으로 자리를 피하려는 그의 손에 친구는 광고지 한 장을 쥐여준다. 자신의 삶을 180도 바꾼 비법이라는 말과 함께. "칼, 네 인생은 네가 사는 거야. 절대 후회하지 않을 거야." 친구의 말을 까맣게 잊은 채 죽은 사람처럼 소파에 누워 있던 칼은 한쪽에 구겨져 있던 그 광고지를 발견한다. 그 위에 선명하게 찍힌 두 글자, "Yes Man." 고민하던 그는 별 기대 없이 예스맨 행사에 들른다. 잠깐 갔다가 이상하면 얼른 나오자는 심산으로.

행사장에는 엄청나게 많은 사람이 모여 "Yes!"를 외치고 있었다. 그중에 칼 혼자만 심드렁한 표정으로 앉아 있었다. 그 모습이 눈에 띄어서였을까. 연설자가 무대에서 내려와 그의 앞으로 다가섰다. "인생이 달라지는 서약을 하겠습니까? 앞으로 무조건 'Yes'라고 말하는 겁니다." 칼은 연설자의 카리스마와 대중의 시선에 못 이겨 반 강제로 서약에 응한다. 이후 노숙자가 돈을 요구해도, 친구들이 술값을 전부 내라고 해도, 대출 조건이 부족한 고객에게도, 스팸메일에도, 홍보 전단지를 건네는 사람에게도 무조건 "Yes"라고 대답한다. 무작정 "Yes"라고 말하는 통에 일이 뒤죽박죽 꼬이기도 하지만, 결국 그의 일상에 변화가 찾아온다.

사랑하는 사람을 만나게 되었고 친구, 직장 동료, 고객 등 주변 사람들과의 관계가 유쾌해졌다. 승진할 기회를 얻었고 번지점프, 모터사이클, 한국어 수업, 기타 연주 등 새로운 경험으로 일상이 활기차졌다. 다양한 경험으로 쌓인 재주는 누군가를 돕는 데 요긴하게 쓰였다. 기타 연주로 자살을 시도하던 남자의 마음을 돌렸고, 한국말로 한국인 점원에게 호감을 사 절친의 약혼녀를 위한 '브라이덜 샤워'를 성공적으로 준비할 수 있었다. 더 이상 칼에게서 심드렁한 표정을 찾을 수 없었다. 하고 싶은 것도, 해야 할 일도, 함께할 사람들도 이렇게 많은데 심드렁할 새가 있겠는가.

수동적인 시간에서 능동적인 시간으로

"Yes Man!" 영화에서나 가능한 꿈같은 일일까? 영화의 메시지가 인상 깊게 다가온 나는 스스로 〈예스맨〉의 주인공이 돼보기로 했다. 미리 계획한 일이 아니면 좀처럼 움직이지 않는 나에게 이것은 엄청난 모험이었다. 바쁘다는 핑계로 미뤄둔 어머니의 요청, 아침잠 많은 나에게 전혀 매력적이지 않았던 해돋이 구경, 상담사 자격시험, 온라인 창업 교육, 신규 강사 그룹 활동, 만난 지 2주도 안 된 사람들과의 여행 계획까지…. 마치 영화 속 주인공처럼 "Yes"를 외쳤다. 그리고 나니 후폭풍이 만만치 않았다. 여러 가지 일들이 동시에 진행되면서 눈코 뜰 새 없이 바쁜 나날이 계속됐다. 투입한 비용까지 따지면 후회가 밀려올 법도 했다.

그런데 무모해보였던 'Yes 서약'이 나에게 새로운 일상의 경험을 선사하기 시작했다. 평소 "바빠요."로 일관하던 대답을 "네."라는 한마디로 바꿨을 뿐인데 어머니의 만족도가 두 배 이상 높아졌다. 해돋이의 감동은 아직까지 SNS 메인 화면을 장식할 만큼 강렬했다. 2주의 인연은 여행을 통해 1년 이상의 돈독한 인연으로 발전했다. 상담, 창업, 강의 등 다양한 분야의 사람들과 어울리면서 회사원이 아닌 또 다른 삶의 방식도 접하게 됐다. 그룹 활동에서 만난 강사들과 특강을 진행했고, 그 콘텐츠를 본 지인들의 도움으로 미뤄두었던 단행본 발간의 꿈도 이루었다. 그 결실이 바로 이 책이다.

'Yes'에는 수동을 능동으로 바꾸는 힘이 있다. 수동적인 자세로 기존의 익숙한 방식에 안주하려던 나는 새로운 경험에 노출되면서 모든 상황에 능동적으로 대처하게 되었다. 영화 속 칼도 그랬다. 매사에 수동적인 그는 자기가 부정적인 이유를 타인과 주변 환경의 탓으로 돌리며 피해자처럼 행동한다. 그는 상처받지 않기 위해 이미 정해진 반복된 일상 외에 새로운 경험이나 다른 일상을 거부한다. 그러나 새로운 경험이 없다는 것은 곧 죽은 삶을 뜻한다. 현재 시점에서 더 이상의 성장 없이 반복된 사고와 행동에 수동적으로 머물면, 자기도 모르는 사이 우울하고 비관적인 감정의 악순환에 갇힌다.

이 악순환을 깰 수 있는 유일한 방법은 스스로를 능동적인 상황으로 밀어 넣는 것이다. 자발적인 행동은 늘 새로운 경험을 부른다. 그 경험을 바탕으로 굳어버린 기존의 인식을 깨면 행동반경이 넓어진다. 그러면 자연스럽게 또 다른 경험에 노출된다. 그때 싹트는 새로운 감정이 선순환하며 스스로에게 변화의 자극제가 되어준다. 이렇게 긍정적인 경험이 일상 속에 하나하나 쌓이면 결국 삶의 패턴까지도 바꿀 수 있다. 삶의 패턴이 바뀐다는 것은 자신이 어제와는 다른 새로운 인생의 무대로 나아가 한 차원 성장했음을 의미한다.

삶의 패턴을 바꾸겠다고 심각한 도전까지 감수할 필요는 없다. 일상에 활력을 주는, 작지만 흥미로운 도전들을 찾아보자. 칼이 기타와 한국어를 접한 계기는 아주 사소한 행동의 변화에서 비롯되었다. 평소 무심코 지나쳤던 커뮤니티 게시판을 찬찬히 훑어봤을 뿐이다. 그때 눈에 들어온 홍보 게시물의 '오징어다리' 한쪽을 뜯어온 것이 전부다. 이 사소한 행동이 결과적으로 자살을 기도하던 한 남자를 살렸고, 친구와의 끈끈한 우정을 확인시켜주었다. 하루에 모래 한 알만큼의 작은 시도여도 좋다. '나는 이렇게 되었다'라는 수동형이 아니라 '나는 나를 이렇게 만들어나갔다'라는 능동형이면 충분하다.

경험을 사고, 이야기를 팔아라

C를 만난 것은 어느 교육과정에서였다. 소프트웨어 강사로 자신을 소개한 그는 20대 후반의 청년이었다. '어린 사람이 강의를 제대로 할까?' 내심 걱정하던 나는 그의 강의를 참관하고 잘못된 선입견을 깼다. 자신보다 열 살, 심지어 스무 살 많은 청중 앞에서도 긴장한 내색 없이 차분히 강의를 이끌었던 것이다. 나이가 무색할 정도로 깊은 내공을 보여준 그에게 소프트웨어 강사로 일하게 된 계기를 물었는데, 첫 대답이 뜻밖이었다.

> "서울에 대체 뭐가 있기에 사람들이 그렇게 많이 모여 사는지 궁금했어요."

C는 지방의 한 집성촌에서 나고 자랐다. 진로에 대해 물어볼 사람이라고는 인근 지역 대학원에서 공부 중인 삼촌뿐이었다. 집안 어른들은 공무원, 교사 외에 다른 길을 알려주지 못했다. 하지만 그는 뭔가 다른 길이 있을 거라는 생각이 들었고, 그 생각을 확인하기 위해 무작정 서울로 올라왔다.

> '서울에서 딱 한 달만 살아보자. 살다 보면 답이 나올 거야.
> 답이 없으면 그때 돌아가면 되니까.'

일단 가벼운 마음으로 사람과 정보를 찾아다녔다. 그러다 미국 실리콘밸리에서 각광받는 소프트웨어 교육을 접하게 되었다. 관련 교육을 수료하고 동기들과 뜻이 맞아 교육과정을 만들었는데, 반응이 좋아 학교, 정부, 기업체 등에 출강 중이다. 2~3년 뒤 소프트웨어 교육 확대를 대비해 강사 양성과정도 준비하고 있다. 그는 자기 분야에 대한 비전과 향후 청사진을 뚜렷하게 그리고 있었다. 그동안의 시행착오로 얻은 자기만의 영업 비법을 공유하는 여유도 겸비했다.

그래도 궁금했다. 아직 젊은 나이인데 안정적인 직장에 속하지 않고 스스로 일을 만드는 것이 어렵지는 않을까? 또래 청년들은 취업과 생계로 한창 고민이 많을 시기인데 덩달아 불안하지는 않을까? 이 질문에 그는 잠시 생각을 정리하더니 강의 때처럼 차분하지만 소신 있는 목소리로 답했다.

"인생의 가치를 경험에 두어서 가능한 것 같아요.
지금도, 앞으로도 최대한 다양한 경험을 하며 사는 것이 제 목표입니다."

서른도 안 된 청년이 풍기는 성숙하고 안정된 느낌의 원동력을 그제야 알 수 있었다. 보통의 또래 청년들은 정형화된 취업 준비, 반복된 직장생활에 적응하면서 사고의 폭과 행동반경이 급격히 좁아진다. 반면 그는 자신을 새로운 경험에 노출시키고 다양한 배경의 사람들과 어울리면서 자기만의 삶의 패턴을 만들어가고 있었다. 모든 일에 능동적으로 임해야 하는 환경에 놓여 있으므로 자연스럽게 생각이 깊어지고 행동의 폭이 넓어질 수밖에 없는 것이다. '이 사람은 앞으로 어디에 내놓아도 잘 살겠구나.' 괜한 염려를 했던 나의 선입견이 다시 한번 깨지는 순간이었다.

만일 서른이 된 C가 자서전을 쓴다면 어떤 내용으로 채워질까? 분명 자기 또래들보다 조금은 더 신선하고 다이내믹한 스토리를 담을 수 있을 것이다. 적어도 토익시험 보기, 자소설 쓰기, 지옥철 타기, 야근하기, 회식하기, 주말 시체놀이 같은 수동적인 이야기가 주요 내용이 될 것 같지는 않으니까. 물론 모든 취업 준비생과 직장인의 일상을 폄하하는 것은 절대 아니다. 똑같이 취업을 준비하고 회사에 다니더라도 능동성만 살아 있다면 문제없다.

- 나는 왜 이 분야를 선택했는가?

- 선택한 일에서 무엇을 배우며 성장하고 있는가?

- 일 외에 즐기는 새로운 경험은 무엇인가?

- 새로운 경험은 나를 어떻게 변화시키는가?

- 살면서 어떤 사람들을 만나고 있는가?

- 사람들과의 관계에서 어떤 감정을 느끼는가?

- 궁극적으로 어떤 삶을 살다 돌아가고 싶은가?

이에 대한 자기만의 스토리만 확실하다면 충분히 의미 있고 다이내믹한 자서전을 써나갈 수 있다. 그리고 서른 또는 마흔 무렵에 이렇게 탄탄한 자신만의 스토리를 만들었다면 인생 2막뿐만 아니라 3막을 여는 육십, 칠십에도 충분히 만족스러운 인생 스토리를 구상할 수 있을 것이다. 이미 자신의 삶을 스스로 창조하는 능동성을 보유했기 때문이다. 자신의 생활 패턴 안에 능동적인 생각과 말과 행동을 반복해서 주입하자. 그러면 어떤 환경에서도 새로운 경험을 창조하며 자기 삶을 주도할 수 있을 것이다.

CHAPTER 2

성공에 대한
환상을 깨고
일상을
즐기는 법

> 인생의 도전이란
> 무슨 직업을 갖고 싶다는 이력서가 아니라
> 어떤 사람이 되고 싶다는 이야기를 만드는 것이다.
>
> 삶에서 넘어졌을 때
> 당신을 수렁에서 건져내는 것은
> 직함, 직위의 나열이 아니라
> 스스로 가진 이야기이기 때문이다.

– 오프라 윈프리, 방송인 –

나만의 즐겨찾기로 숨통을 터라

헤르만 헤세

독일 신학자 집안에서 태어나 철학, 종교, 정의와 같은
개념들에 대해 끊임없이 탐구하며《유리알 유희》,《나르치스와 골드문트》,
《수레바퀴 아래서》,《데미안》등의 작품을 남긴 소설가.

헤르만 헤세는 나이 마흔에 그림을 시작했다. 나치즘에 반대하다 출판을 금지당하고, 아버지의 사망과 아내의 정신분열 그리고 아들의 입원 등등 온갖 시련들을 홀로 겪어낼 무렵이었다. 그는 산, 강, 구름, 들꽃처럼 수수하고 따뜻한 자연을 수채화에 담으며 슬픔을 달랬다. 평소 토마토를 키우고, 정원을 다듬고, 낙엽 태우는 것을 즐겨했던 소박한 한 남자의 감성이 그대로 전해지는 그림이었다. 그 덕분일까. 정신적 고통을 극복한 헤세는 이후《데미안》,《유리알 유희》등 주옥같은 작품들을 출간했고, 노벨 문학상을 수상했다. 그는 왕성한 저술 활동을 하면서도 절대로 손에서 붓을 놓지 않았다. 세상을 떠나기 일주일 전까지도 그는 그림과 함께였다.

내 그림이 객관적으로 어떠한 가치를 지니는지는 중요하지 않습니다.
나에게 있어 그림은 문학이 주지 못한 예술적 위안이자 견디기 어려운
슬픔에서 벗어나게 해주는 탈출구입니다.

- 헤르만 헤세가 펠릭스 브라운에게 보낸 편지 중

당신도 헤세처럼 마음의 안정과 정신적 휴식을 얻을 수 있는 나만의 즐겨찾기를 가지고 있는가? 자신의 취향과 선호가 반영되었다면 사물, 활동, 공간, 시간 어떤 형태든 당신만의 즐겨찾기가 될 수 있다. 보통 개인의 취향과 선호는 일상의 작은 선택이 반복되면서 만들어진다. 따라서 평소 내 눈길, 손길, 발길이 어디로 향하는지만 살피면 된다. 가급적 젊었을 때 이것저것 해보면서 자신이 흡족해할 만한 영역을 찾아야 한다. 나이가 들수록 친숙한 것에 머무는 성향이 강해져 기존 경험의 범위 안으로 자꾸만 선택 범위가 좁아지기 때문이다. 새로운 것에 도전할 여력이 있을 때 부지런히 견문을 넓히고 스스로를 탐색해 즐겨찾기의 선택지를 넓혀보자.

나만의 즐겨찾기 Q&A

● 다음 질문에 답하면서 자기만의 취향과 선호를 알아보자.

Q 다른 사람 눈치 보지 않고 혼자 편하게 쉴 수 있는 자기만의 아지트는 어디인가?

A

Q 가족, 친구와 함께 즐겨 찾는 장소는 어디인가? 휴가 때는 주로 어디를 찾는가?

A

Q 중요한 손님과 만날 때 안내하는 카페나 레스토랑은 어디인가?

A

Q 친숙하게 느끼는 동네는 어디인가? 거주지 근처에 즐겨 찾는 장소는 어디인가?

A

Q 가장 친한 친구는 누구인가? 힘들 때 속마음을 털어놓는 친구는 누구인가?

A

Q 좋아하는 가수는 누구인가? 처음부터 끝까지 외워 부르는 노래는 무엇인가?

A

Q 좋아하는 책과 그림은 무엇인가? 주로 어디에서 읽거나 감상하는가?

A

Q 좋아하는 영화와 공연은 무엇인가? 주로 어디에서 보는가?

A

Q 특정 분야에서 좋아하는 학자 또는 잘 알고 있는 이론은 무엇인가?

A

Q 좋아하는 악기는 무엇인가? 어떤 악기를 연주할 수 있는가?

A

Q 좋아하는 스포츠는 무엇인가? 좋아하는 스포츠 선수는 누구인가?

A

Q 좋아하는 여행지는 어디인가? 1년에 몇 번 여행을 떠나는가?

A

Q 배우고 싶은 외국어는 무엇인가? 기초 의사소통이 가능한 언어는 무엇인가?

A

Q 아침에 일어나서 가장 먼저 무엇을 하는가? 잠자리에 들기 직전에는 무엇을 하는가?

A

Q 좋아하는 동물이나 식물은 무엇인가? 어떤 동물이나 식물을 키워봤는가?

A

Q 좋아하는 디저트와 음료는 무엇인가? 직접 만들 수 있는 디저트와 음료는 무엇인가?

A

Q 좋아하는 음식은 무엇인가? 요리할 수 있는 음식은 무엇인가?

A

Q 좋아하는 술은 무엇인가? 관련 브랜드와 종류를 말해보자.

A

Q 즐겨 입는 옷 스타일은 무엇인가? 선호하는 브랜드는 무엇인가?

A

Q 좋아하는 인테리어 스타일은 무엇인가? 직접 만들어본 가구나 소품이 있는가?

A

Q 좋아하는 차종은 무엇인가? 관련 브랜드를 말해보자.

A

Q 정기적으로 봉사하거나 기부하는 곳은 어디인가? 관심 있는 사회문제는 무엇인가?

A

　　"아무 거나." "아무 데나." 누군가 취향이나 선호를 물을 때 이렇게 대답하는 것만큼 스스로를 격하시키는 말은 없다. 당신은 아무렇게나 해도 괜찮은 사람이 아니다. 자기 취향과 선호를 존중받을 권리가 있는 만큼 분명히 표현할 줄도 알아야 한다.

　　어쩌면 힘들고 무료한 일상의 주범은 나 자신일지도 모른다. 문화, 예술, 정서, 신체 등 다방면의 즐겨찾기로 단조로운 일상에 변화를 줘보자. 내가 좋아하고 의미를 부여한 것들이 결국 매일의 행복과 삶의 질을 좌우한다. 인생 2막의 성공은 멀리 있지 않다. 소소한 일상의 만족과 즐거움을 회복하는 것. 이것이 자아를 실현하며 성장하는 인생의 밑거름이 돼줄 것이다.

마크 저커버그가 6년 내내 한 일은
오로지 코딩이었다

"사람들은 우리에 대해 영웅 스토리 같은 소설을 쓰곤 하지요."

페이스북의 CEO 마크 저커버그의 말이다. 그는 왜 소설이라는 표현을 썼을까? "우리가 정작 6년 내내 한 일은 코딩 업무였어요. 일반적인 코딩 업무 말이죠." 코딩이란 컴퓨터 언어로 프로그램을 만드는 일이다. 문자도 기호도 아닌 컴퓨터 언어로 몇 백, 몇 천 줄을 써내려가는 일종의 '노가다' 작업이다. 매일 컴퓨터와 씨름하는 것도 모자라 밤을 새기 일쑤다. 그렇게 꼬박 6년. 남의 일이라 짧게 느껴지는가? 하루 종일 컴퓨터 앞에 죽치고 앉아서 요상한 언어를 쓰며 6년을 일한다고 생각해보라. 이것이 바로 사람들이 '꿈을 이루었다, 성공했다'고 말하는 이들의 현실이다.

우리를 설레게 하는 꿈과 성공의 현실 버전은 매일매일 반복되는 노동이다. 회사원이든 자영업자든 일정 기간 반복을 거듭하며 일해야 성과가 나타나고 경제적 이익을 얻을 수 있다. 당연한 이치인데 타인의 성공 스토리에서는 그 과정을 보지 못하고 결과만 부러워하는 경우가 많다. 그래서 보통 '무슨What' 일을 해야 나도 성공할까를 고민한다. 하지만 정작 더 중요한 것은 그 일이 일상에서 '어떻게How' 이루어지는가이다.

영화배우 짐 캐리의 아버지는 코미디언 지망생이었다. 하지만 안정적인 삶을 위해 회계사가 되었다. 그러나 짐 캐리가 12살 되던 해 아버지가 해고를 당하면서 가정에 시련이 찾아왔다. 짐 캐리는 진통제를 먹으며 병상에 누워 있는 어머니와 가난에 허덕이는 가족을 위해 '몸개그'를 하며 웃음을 선사했다. 마음 한편에는 절망과 분노를 안고서.

성인이 된 짐 캐리는 아버지의 선택에서 교훈을 얻어 이왕이면 좋아하는 일을 하기로 했다. 그러나 연기 지망생의 무명 생활은 생각보다 길었다. 데뷔 후 10여 년이 지난 후에야 그는 자신이 직접 쓴 각본 〈에이스 벤츄라〉로 주목받는 배우가 되었다. 유명세를 탄 이후에도 그는 늘 우울증에 시달렸다. 스크린 앞에서는 화려한 웃음을 선사했지만 홀로 있을 때는 약물에 의존했다. 하지만 그는 이렇게 말하곤 했다. "이상하고 웃긴 행동이 내 마음에 평안을 준다."

일을 선택하는 기준은 저마다 다르다. 좋아서든 사회적 안정성 때문이든 그것은 개인의 선택에 달려 있다. 다만, 안정적이라 선택한 일도 언제든 위기나 실패에 직면할 수 있다. 좋아서 선택한 일도 매너리즘에 빠지거나 하찮게 느껴질 가능성이 얼마든지 있다. 그럼 대체 어디에 초점을 맞춰야 할까?

일단 그 일을 하고 있는 나의 하루를 그려보자. 그리고 그런 하루가 무한히 반복된다고 상상해보자. 매일 그렇게 살아도 정말 괜찮은지 스스로에게 물어보자. 지루한 시간이 이어지고 뚜렷한 성과가 보이지 않고 생각하지 못한 위기에 처할 수도 있다. 그럼에도 목표 의식, 성취감, 보람 등 자기만의 의미를 되새기며 일할 수 있는가? 내 인생의 절반을 그렇게 쏟아부어도 아깝지 않은 일인가? 겉모습이나 결과가 아닌 속내와 과정을 꼼꼼히 따져야 힘들어도 즐거운 나만의 천직을 찾을 수 있다.

새롭고 즐거운 노동도 있다

사회심리학자 매리 조호다는 〈박탈이론〉에서 취업의 잠재 효과를 5가지로 정리했다.

- 일을 통해 시간을 계획하고 짜임새 있게 사용할 수 있다
- 가족 외의 사람들과 접촉하여 사교 범위를 넓힐 수 있다
- 공동 목표 달성을 위한 계획에 참여하여 자아실현이 가능하다
- 사회적 활동으로 자아정체감을 느끼고 사회적 신분을 갖게 된다
- 의미 있는 정규 활동을 활발히 수행할 수 있다

노동이 인간에게 주는 순기능은 여기에서 더함도 덜함도 없다. 그런데 인간의 욕망이 무한대라는 잘못된 가정이 노동의 역기능

을 부르고 있다. 사람들은 이 욕망을 채우기 위해 더 많이 일하고 더 많은 돈을 벌어야 한다고 생각한다. 그러나 경제학에는 분명 '한계효용·한계생산 체감의 법칙'이 존재한다. 어느 한도를 지나면 만족도도, 생산성도 급격히 떨어진다는 이론이다.

배가 고플 때 먹는 처음 한 입은 엄청나게 맛있지만 먹을수록 감흥이 떨어지고, 어느 순간 배가 불러 더 먹고 싶다는 생각이 들지 않는다. 사람이 느끼는 만족에는 한계가 있기 때문이다. 노동도 마찬가지다. 초반에 2~3시간 일할 때는 집중도 잘되고 빠르고 정확한 일처리가 가능하다. 하지만 시간이 흐를수록 집중력과 체력이 떨어지고, 어느 한계를 지나면 생산성이 반 토막 난다.

그런데 불확실한 미래, 성공이라는 신기루로 사람을 위협하면 이야기가 달라진다. 불안감이나 욕망에 불이 붙으면 한도를 초과해 희생을 감수한다. 안정된 미래를 위해 현재를 희생해 뼈 빠지게 일한다. 자신의 존재 가치를 드높이기 위해 남들보다 더 많은, 더 높은 성취를 일구려 한다. 이때부터 삶의 수단인 노동이 삶의 목적으로 돌변해 인간을 착취하기 시작한다.

루크와 안젤라 부부는 한국에서 태어나 두 번의 이민을 통해 미국과 스웨덴에서 생활했다. 미국에 살 때는 한국에서처럼 아이들 교육과 노후 대비에 걱정이 많았다. 미리 준비해야 한다는 불안감에 가급적 많이 일하고 많이 벌려고 애썼다. 그런데 스웨덴으로 옮긴 이후 기존의 소유 개념을 바꿔야 했다. 복지, 연금, 의료보험을 위해 높은 비율의 세금을 미리 내니 미친 듯이 일해서 자산을 모아둬야 한다는 개념이 불필요했던 것이다.

철저한 자본주의를 택한 미국은 역사적으로 돈과 신분이 연결돼 있다. 돈을 많이 버는 것은 언제나 좋은 일이며 부자가 칭송받는 사회 구조를 가지고 있다. 반면, 역사적으로 사회민주주의를 채택한 북유럽은 높은 세금에 기초해 사회보장제도를 운영한다. 정부에 낸 세금으로 노후가 보장되니 얼마간의 비상금을 제외하고는 버는 만큼 즐기는 데 익숙하다. "평균의 사람들이 평균의 가치로 평등하게 살아가는 것"(안젤라가 스웨덴에서 아이의 담당교사에게 직접 들은 말)을 추구하는 교육 방식은 사회적 잣대가 아닌 각자의 방식으로 삶을 살아가는 원동력이 되었다.

우리는 미국처럼 자본주의 가치가 팽배한 한국에 살고 있으니 노동의 착취를 당연하게 받아들여야 할까? 아니면 이번 생은 망했다는 생각으로 체념하고 살아야 할까? 인생 1막에서 실패했다면 인생 2막에서는 다른 노동을 꿈꿔야 한다. 그 꿈을 실현하려면 개인적인 노력뿐만 아니라 사회적인 노력도 필요하다. 그 사회적인 노력을 이끌어내는 주인공이 나라는 생각 또한 필요하다. 미래의 안정성을 보장하는 사회제도에 관심을 갖고, 자료를 들춰보고, 의견을 전달할 방법을 알아봐야 한다. 직접적인 방법으로는 투표가 있지만, 실생활에서 참여하는 간접적인 방법도 있다. 그것은 바로 노동, 복지, 사회제도와 관련된 시민 활동, 비영리 활동에 동참하는 것이다. 사회 기여는 인생 2막의 주요 토픽 중 하나이므로 지금부터 자신의 성향을 알아둘 필요가 있다.

인생 2막의 일상에서 새로운 노동을 시도하는 것도 하나의 방법이다. 가장 기본은 돈, 성공 등 결과물보다 자아실현에 보탬이 되는 즐거운 노동을 찾는 것이다. 취업자라면 요령껏, 소신껏 스스로 적정 노동을 관리해야 한다. 다만 적정 노동으로도 직무에 대한 책임과 성과를 충분히 달성할 수 있다는 것을 보여줘야 한다. 따라서 담당 업무에서만큼은 고도의 집중력과 철저한 자기 관리가 필수다. 고용인의 입장이라면 적정 노동으로 직원 만족과 생산성을 높이는 창의적인 업무 방식을 실험할 수 있을 것이다. '디지털 노마드, 스마트워킹, 유연근무, 시간제근무' 등 즐거운 노동으로 일의 효율을 높이는 최신 트렌드가 얼마든지 있다. 사회가 무력하다고 해서 그 안의 사람들까지 무력해서는 안 된다. 인생 2막을 여는 사람들부터라도 다르게 일하는 모범 사례를 만든다면 모두가 힘든 사회를 변화시키는 밑거름이 될 것이다.

노동의 신성한 가치를 누려라

먹고살 걱정이 없으면 마냥 놀 것 같지만, 대다수의 사람들은 소일거리라도 하며 건설적으로 시간을 보내고 싶어 한다. 아무것도 안 하고 살기에 인생은 너무나 길기 때문에 일과 사람은 떼려야 뗄 수 없는 관계다. 심리학자 에이브러햄 매슬로의 〈동기이론〉에 따르면 인간의 욕구는 생리적 욕구, 안전의 욕구, 소속감과 사랑의 욕구, 존중의 욕구, 자아실현의 욕구 등 총 5단계로 구성되는데, 현대사회에서는 각 단계가 모두 일과 밀접한 관계를 맺고 있다고 한다. 기본적인 의식주 해결, 안정감과 소속감, 타인의 인정, 자기만족을 위해 우리에게는 일이 필요하다.

영화 〈인턴〉의 70세 은퇴자 벤도 소속감과 자기만족이 필요했다. 그는 40년간 전화번호부 제작 회사에서 일했다. 은퇴 후 여행, 요가, 요리, 화초 재배, 중국어 배우기 등 한가로운 일상을 보내다 우연히 시니어 인턴 구인 광고를 접한다. 인터넷 의류 쇼핑몰이라는 낯선 업종이었지만, 그는 성심껏 자기소개 영상을 만들어 인턴에 합격한다. 그리고 30세의 워커홀릭 CEO인 줄스의 보조 업무에 배치된다. 그러나 회사의 시니어 지원 프로그램에 전혀 관심이 없던 줄스는 벤에게 아무런 일도 주지 않고 냉담하게 대한다.

하지만 얼마 가지 않아 벤은 회사 내에서 '인기남'이 되었다. 차근차근 스스로 자기 자리를 만들어나갔기 때문이다. 사람들을 배려했고, 먼저 도움의 손길을 내밀었으며, 사소한 일에도 솔선수범했다. 시간이 지나면서 직원들은 그에게 조언을 구했고, 위로를 받았으며, 그와 함께여서 다행이라 생각하게 되었다. 그 모습을 보던 줄스도 차차 벤에 대한 생각이 달라진다.

줄스는 혼자 창업한 지 1년 반 만에 회사를 직원 200명 규모로 키워내며 성공한 젊은 CEO가 되었다. 그러나 벤이 바라본 그녀의 일상은 마치 시한폭탄 같았다. 스트레스로 인해 자주 식사를 거르고, 바쁜 일정 때문에 수면 시간을 줄여가며 일한다. 잔소리하는 어머니와 다투는 일이 잦을 뿐만 아니라, 여러 스케줄을 소화하느라 지각은 물론이고, 약속을 펑크 내는 일이 자주 일어난다. 딸아이와의 약속마저 잊어버려 벤을 대타로 동행시키고, 전업주부인 주변 엄마들은 워킹맘인 그녀를 늘 못마땅해한다. 매사에 신경질적이고 예민할 뿐만 아니라 직원들을 야단치는 일도 잦다. 상대방과 눈을 맞추거나 고맙다는 말 한마디 전할 새 없이 바쁘다. 이렇게 애쓰는데도 이사회에서는 경영관리 능력을 의심하며 CEO 교체 압박을 보낸다. 간신히 버티는 상황에서 남편의 외도까지 눈치 챈 그녀는 가정을 지키기 위해 일을 포기해야 할지 말지 고민 중이다. 이렇게 울화가 치미는데도 쉽게 결단을 내리지 못하는 스스로를 바보 같다고 생각하면서도 아이와 남편 없이 혼자 살 자신이 없기 때문이다.

일상이 전쟁터인 줄스에게 벤은 든든한 동료가 되어주었다. CEO 보조인턴의 역할에 충실하고, 곁에서 이야기를 들어주며, 힘을 내도록 격려하는 동료였다. 그가 회사 내에서 없어서는 안 될 존재감을 갖게 된 것은 거창한 이유가 아니다. 비록 인턴이지만 스스로 회사에 소속감을 가지고, 사소한 심부름일지라도 맡은 일에 충실했기 때문이다. 직원들을 진심으로 배려하고 어려움을 헤쳐나가는 노하우도 공유했다. 한 예로 줄스가 벤을 신임해 기존 비서를 소홀하게 대했을 때도 그에게는 비서의 마음을 헤아리는 여유가 있었다. 비서에게는 본인이 하는 일의 중요함을 알려주고, 줄스에게는 함께 일하는 동료인 비서를 격려해줄 것을 부탁했다.

그의 배려는 자신에게도 향해 있었다. 줄스의 장거리 출장에 동행한 이후 벤은 급격히 컨디션이 나빠졌다. 직원들이 건강을 염려하던 어느 날 그의 자리가 비어 있었다. 혹시 무리해서 쓰러졌나? 걱정했다면 안심하라. 벤은 아픈 줄도 모르고 스스로를 혹사할 만큼 자신에게 무책임하지 않았다. "오늘 하루 나를 위해 쓰겠다."며 월차를 냈을 뿐이다. 평소에는 맡은 일에 충실하지만, 자신의 한계를 넘지 않도록 관리하는 여유는 그의 연륜에서 오는 지혜가 아니었을까. 공원에서 타이치 운동을 즐기며 자기만의 시간을 갖는 마지막 모습에서 일, 삶 그리고 자신을 사랑할 줄 아는 나이 든 청년을 발견할 수 있다.

주위를 둘러보면 한계 없이 일하느라 몸과 마음뿐만 아니라 관계까지 나빠지는 삼중고에 시달리는 사람들이 많다. 성공을 위해, 그 성공을 지키기 위해 병이 나는 줄도 모르고 일만 하다 정작 제일 소중한 자신의 일상에서는 실패하고 만다. 인생 1막을 줄스처럼 보냈다면 인생 2막은 벤처럼 열어야 한다. 일은 일상의 구멍을 채우는 용도일 뿐이다. 일로 '인생역전' 하겠다는 60~70년대 마인드를 버리자. 이런 마인드는 앞으로 계속될 저성장 시대에 더 이상 통하지도 않을뿐더러 그런 생각이 오늘날 한국 사회와 한국인의 일상을 병들게 만들었기 때문이다. 노동은 소속감, 새로운 관계의 형성, 자신의 존재감 확인의 관점으로 선택해야 한다. 일의 경중보다는 일을 대하는 자세가 자아실현 여부에 더 큰 영향을 미치기 때문이다.

돈, 명예, 유명세 등 일의 결과는 결국 한순간의 이벤트로 끝이 난다. 사회적 성공 이후에도 나의 일상은 반복되는 노동으로 채워진다. 성공이라는 순간의 달콤함에 취하기 전에 노동하는 자신의 일상을 즐겁게 만들어야 한다. 일로써 꿈을 이루거나 성공하지 못했다는 생각이 나의 소중한 일상을 잠식하지 않도록 주의하자. 지금 일한다는 그 자체로 당신은 이미 노동의 긍정적 효과를 누리며 성공적인 일상을 꾸려가고 있다. 일로 만드는 진정한 성공은 힘들고 지루한 일상을 넘어서는 행복감과 만족감이다. 지금 이 순간 일에 몰입하는 나의 모습, 그런 순간이 차곡차곡 쌓인 연륜과 추억, 그 가운데서 성장한 스스로에 대한 만족감. 그 외의 것들은 모두 껍데기에 불과하다.

CHAPTER 3

가늘고 길게
인생을
누리는 법

> 어리석은 자만이
> 노년을 짐스럽게 느낀다.
>
> 인생이란 드라마의 다른 막들을
> 훌륭하게 구상했던 자연이
> 서투른 작가처럼 마지막 막을
> 소홀히 했으리라고는 믿기 어렵다.

- 마르쿠스 툴리우스 키케로, 고대 철학자 -

인생의 재무 관리에 시간을 투자하라

3:3:3:1 법칙

안정적인 자산분배 비율을 이르는 말로 일반적으로
부동산 30%, 채권 30%, 주식 30%, 현금 10%로 분산투자하라는 의미.

재무설계사와 상담하면 종종 '3:3:3:1 법칙'에 대해 듣게 된다. 이 법칙은 원래 안정적인 자산분배 비율로 통하지만, 최근 은퇴자산에 대한 관심이 부쩍 높아지면서 은퇴자산 운용 비율로도 활용되고 있다. 임대부동산 수익 30%, 연금 수익 30%, 금융자산(이자 또는 배당상품) 30%, 비상금 10%로 구성하라고 권한다.

3:3:3:1 법칙이 어디에 적용되든 시사점은 동일하다. 자금을 단기, 장기 등 기간별로 나눠서 운용할 것. 만약을 대비해 현금 유동성을 확보할 것. 은퇴 전 월급도 이 원칙을 따른다. 전문가들은 월급을 중장기목적자금 30%, 단기목적자금 30%, 생활비 30%, 보장성자금 10%로 관리하라고 일러준다.

물론 대다수의 사람들은 당장의 생활을 감당하기에도 빠듯하다. 집세, 생활비, 교육비 등 생활물가가 치솟고 있는 상황에서 투자는 남의 이야기처럼 들린다. 막상 투자를 한다 해도 저성장이 지속되고 있는 경제 상황에서 충분한 수익을 돌려주는 마땅한 투자처를 찾기도 어렵다. 그러나 노후나 인생 2막을 위해서는 없는 살림을 줄여서라도 최소한의 중장기목적자금을 확보해야만 한다.

은퇴 전 내 월급, 어떻게 관리하고 있을까?

- **중장기목적자금 |** 주택 마련, 노후 대비 등을 위해 5~10년 이상 저축하는 돈
- **단기목적자금 |** 목돈을 모으거나 굴리기 위해 1~2년가량의 짧은 기간 동안 저축하는 돈
- **생활비 |** 월세, 식비, 교통비, 교육비 등 한 달간 생활하는 데 쓰는 돈
- **보장성자금 |** 만일의 사태에 대비하는 생명보험, 손해보험 등

관리 항목	세부 항목	한 달 기준 소요 금액	합계	월급에서 차지하는 비율
중장기 목적자금				
단기 목적자금				
생활비				
보장성 자금				

평생 재무, 적정 소비밖엔 답이 없다

대체 얼마나 있어야 노후 대비 자금으로 충분할까? 재무설계사 S는 간단한 방법을 소개했다. 내가 60세에 은퇴해 한국 여성 평균수명인 85세까지 산다고 가정해보자. 혼자 월 100만 원씩 쓴다면 3억 원, 월 150만 원씩 쓴다면 4.5억 원이 필요하다. 각종 경영연구소, 은퇴연구소 자료에서 가구당(부부일 경우) 200~250만 원을 산정하고 있으니 비슷한 규모다.

　　S의 경험에 따르면 고령 고객은 병원비를 제외한 생활비 규모가 시간이 갈수록 작아진다. 따라서 평균수명보다 조금 더 산다 해도 3~5억 원 규모면 큰 문제는 없으리라 예상했다. 물론 갑작스러운 재난이나 큰 병이 없다면 말이다. 서울 거주 50~64세 중장년층 1,000명을 대상으로 한 조사에서도 응답자들은 70세 이후 필요한 노후자금이 평균 3.3억 원이라고 답했다. 이를 보면 노후자금의 규모에 대한 공감대는 어느 정도 형성돼 있는 것 같다.

　　그렇다면 월평균 얼마씩 모아야 할까? 관건은 실제로 일할 수 있는 기간이다. 2015년에 실시한 서울시 조사에 따르면 서울 거주 50~64세 중장년층 1,000명의 1차 퇴직 연령은 남성이 53세, 여성이 48세였다. 그 후 1년가량 준비해 재취업 혹은 창업을 하고 나면 최종 은퇴 연령은 남성이 67세, 여성이 64세로 나타난다. 한국인 평균 사망 연령이 남성 78세, 여성 85세인 것을 감안하면 10~20년 이상 근로소득 없이 삶을 유지해야 한다는 말이 된다.

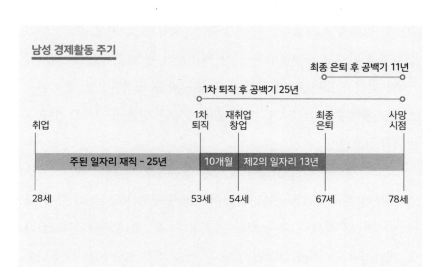

남성 경제활동 주기

최종 은퇴 후 공백기 11년

1차 퇴직 후 공백기 25년

| 취업 | 1차 퇴직 | 재취업 창업 | 최종 은퇴 | 사망 시점 |

주된 일자리 재직 – 25년 / 10개월 / 제2의 일자리 13년

| 28세 | | 53세 | 54세 | | 67세 | 78세 |

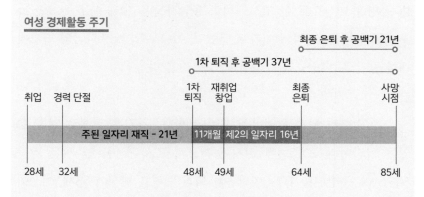

여성 경제활동 주기

최종 은퇴 후 공백기 21년

1차 퇴직 후 공백기 37년

| 취업 | 경력 단절 | 1차 퇴직 | 재취업 창업 | 최종 은퇴 | 사망 시점 |

주된 일자리 재직 – 21년 / 11개월 제2의 일자리 16년

| 28세 | 32세 | 48세 | 49세 | 64세 | 85세 |

출처 | "서울시민 평균 50.5세 퇴직 … 100명 중 8명 더 일하고 싶다. 은퇴 후 사람 안 만나",
〈아주경제〉, 2015년 12월 26일 자

각종 금융연구소 자료를 보면 우리나라 중장년층의 노후자금 준비는 실제 필요한 금액의 절반 수준에 머물고 있다. 가장 큰 원인은 자녀에게 지출하는 교육비와 결혼자금이었다. 노후자금으로 3.3억 원이 필요하다고 응답했던 서울시 중장년층은 실제로 평균 1.8억 원을 준비해두고 있었다. 그러나 이것마저 미혼자녀의 결혼 비용에 보탤 경우 아들 1.4억 원, 딸 0.6억 원가량을 제외해야 한다. 만일 아들 둘을 장가보낸다면 노후자금은커녕 빚까지 떠안을 상황이다.

자녀의 삶이 곧 내 삶인 시대는 지났다

18세기 프랑스의 철학자 드니 디드로는 어느 날 친구로부터 고급 실내복을 선물받았다. 그는 그동안 편하게 입던 옛 옷을 버리고 새 옷을 입기로 했다. 고급 옷을 입고 집안을 돌아다니다 보니 가구들이 새 옷과 어울리지 않는다는 생각이 들었다. 그래서 의자, 책상, 침대 등 가구를 하나하나 새것으로 바꾸기 시작했다. 결국 집안 인테리어 전체를 바꾸게 된 그는 그제야 후회가 밀려왔다. 이렇게 사도 사도 끝이 없는 소비의 악순환을 '디드로 효과'라고 부른다.

현대사회는 과도한 소비를 통해 높은 성장을 이루었다. 온갖 매체에서 '당신은 이것을 사야 한다.'는 메시지가 끊임없이 흘러나온다.

백화점의 쇼윈도는 상위 1%의 라이프 스타일이 '잘사는 법'이라며 소비 욕구를 자극한다. 그러나 모든 경제활동은 한정된 자원 안에서 이루어지기 마련이다. 자신의 삶을 모조리 럭셔리 명품으로 휘감아도 현재 생활과 미래 대비에 아무런 무리가 없다면 그것까지 말리지는 않겠다. 그러나 순간의 욕구나 외부의 시선 때문에 한도에 넘치는 소비를 자주 한다면, 내 마음이 왜 물건에 끌려다니는지 한 번쯤 짚어 볼 필요가 있다.

최근 과도한 소비에 지친 사람들이 '미니멀 라이프'라는 새로운 트렌드를 만들고 있다. 생활에 꼭 필요한 최소한의 물건으로 살면서 인생의 중요한 가치에 집중하자는 철학이다. 미니멀 라이프의 원조인 헨리 소로는 "사치품, 생활품 중 많은 것들이 꼭 필요한 물건이 아닐 뿐더러 삶의 질 향상에도 방해가 된다."고 지적한다.

물론 욕구불만이 생길 정도로 소비를 줄일 것까지는 없다. 소비 역시 행복하게 살기 위한 수단 중 하나이기 때문이다. 다만, 현재와 미래의 행복을 훼손하지 않는 선에서 자신의 적정 소비수준을 찾아 관리할 필요는 있다. 적정소비란 보유재산과 소득 내에서 미래에 대비한 저축을 꾸준히 하면서 소비수준과 규모를 조정하는 활동이다. 어딘가에 자신의 돈과 시간을 소비할 때 반드시 스스로에게 물어야 한다. 이것이 과연 나에게 의미 있는 지출인가? 내 삶에 꼭 필요한 지출인가?

그런 측면에서 노후를 가장 크게 위협하는 자녀의 교육비 및 결혼자금 역시 재검토 대상이다. 인생 2막의 행복에 써야 할 노후자금을 침범하는 규모라면 더더욱 그렇다. 부모로서 해야 할 최소한의 책임을 제외한 나머지는 적정수준으로 조정하는 결단이 필요하다. 특히 성인이 된 이후에는 자립심을 갖도록 지원 수준을 점차 낮춰야 한다. 돈을 보태주는 것보다 스스로 생계를 책임질 수 있도록 독립성을 키워주는 것이 자녀의 인생에 더 큰 자산이 된다.

자식 걱정으로 자기 삶을 포기하는 부모 세대와 달리 요즘 젊은 세대는 빠른 현실감각을 지녔다. 인구보건복지협회가 기혼 남녀 1,500명을 대상으로 실시한 조사에서 부모부양 책임에 대해 질문했는데, 이들 중 45%가 각자 사는 것이 바람직하다고 응답했다. 한국개발연구원에 따르면 부모부양 책임이 가족에게 있다는 생각을 가진 사람의 비율이 10년 사이 70%에서 30%로 급감했다.

젊은 세대를 나무라기 전에 먼저 변화한 시대 상황을 읽어야 한다. 과거에는 서너 명의 자녀가 10~20년 정도의 여생을 사는 부모를 부양하면 되는 일이었다. 그러나 앞으로는 한두 명의 자녀가 20~30년의 여생을 사는 부모를 부양해야 한다. 현실적으로 어려운 일이다. 이제는 자녀와 별개로 스스로 노후를 책임지는 상황을 당연시해야 한다. 이를 위해 지금부터 자녀들로부터 독립하는 연습이 필요하다. 자녀의 삶이 곧 내 삶인 시대는 지났다. 서로에게 부담을 주지 않고 각자의 삶에 충실할 때 장기적으로 부모와 자녀의 관계가 돈독해질 수 있다.

많으면 고맙지만 적어도 상관없다

돈이 무한히 많다고 해서 사람이 무한히 행복해지는 것은 아니다. 노벨 경제학상 수상자 앵거스 디턴 교수는 실증 연구를 통해 이것이 사실임을 밝혀냈다. 그는 미국 전역에서 45만 명을 대상으로 방대한 조사를 실시했다. 그 결과 연봉이 75,000달러(약 8,500만 원)를 넘어서면 돈의 액수와 행복감 간의 비례관계가 사라지는 것을 발견했다. 이 연구에서 행복감에 대한 선택지는 스트레스, 행복, 즐거움, 근심 등 구체적인 감정 상태로 구성되었다. 즉 어느 정도 안정적인 소득을 얻으면 행복감이 돈 이외의 요소로부터 영향을 받을 확률이 높아진다는 의미다.

　우리나라 통계개발원의 〈주관적 웰빙 요인 분석〉 결과도 이와 비슷하다. 소득의 절대적 크기나 직업의 종류는 삶의 만족도에 큰 영향을 미치지 않았다. 그보다는 금액이 다소 적더라도 안정적으로 지급되는 소득, 친밀함을 나눌 수 있는 인간관계가 삶의 만족도에 가장 큰 영향을 미치는 요인이었다.

행복한 지출이 삶의 만족도에 영향을 미친다는 연구 결과도 있다. 브리티시콜롬비아대학교의 엘리자베스 던 교수팀은 600여 명을 대상으로 지출 유형에 따른 행복도를 조사했다. 그 결과 사람들은 수입과 상관없이 타인을 위해 돈을 쓸 때 더 큰 행복을 느꼈다. 또한 일반적인 물건을 구입할 때보다 추억이나 경험에 지출했을 때의 행복도가 더 오랫동안 지속됐다.

삶을 꾸려가는 데 돈에 대한 고민이 빠질 수는 없다. 다만 지금 당장 돈이 많다고 혹은 적다고 해서 일희일비할 필요는 없다는 얘기다. 인생을 과거-현재-미래로 연결해 조망하듯, 실생활에 필요한 돈 역시 평생재무라는 넓고 긴 안목으로 접근하면 된다. 우리가 가질 수 있는 돈은 늘 한정돼 있다. 많은 돈을 가지게 되더라도 어차피 그걸 쓰고 갈 시간 역시 한정되어 있다.

인생은 언젠가 끝나는데, 그 안에서 어떻게 모으고 어떻게 쓰는 것이 자신에게 가장 이로울까? 이것 하나만 생각하자. 가진 것이 적다고 궁상맞게 살 필요는 없다. 현재 그리고 인생 2막에 남들에게 폐 끼치지 않을 정도면 충분하다. 돈이 아무리 많아도 관리하지 않으면 줄줄 새기 마련이다. 비록 적어도, 때때로 모자라도, 짜임새 있게 관리하면 얼마든지 빈틈없는 재무 상태를 만들 수 있다.

CHAPTER 4

관계의
주도권자가
되는 법

"

오랜 친구들이 주는
축복 중의 하나는

당신이 그들과 함께일 때
바보짓을 해도
괜찮다는 것이다.

"

- 랄프 에머슨, 철학자이자 시인 -

인생 후반, 웬수 말고 애인이랑 살아볼까

은퇴남편증후군

은퇴한 여자에게 필요한 5가지는? 돈, 건강, 딸, 친구, 강아지
은퇴한 남자에게 필요한 5가지는? 아내, 와이프, 처, 마누라, 안사람
– 〈우먼센스〉

대다수 은퇴연구소에서 부부 관계 만족도가 인생 후반 만족도를 좌우한다고 강조한다. 보통 생애 주기에 따른 결혼 만족도 그래프는 U자형을 그린다. 신혼기와 첫아이 출산 때까지는 만족도가 높다가 자녀 양육 기간에는 급격히 떨어진다. 20세 이후 자녀의 독립기를 거쳐 부모도 독립하는 시점이 되면 만족도가 신혼 초기 때만큼 상승한다. 자녀에 대한 양육 부담이 줄면서 경제적으로 안정되었을뿐만 아니라, 배우자와 인생의 어려운 고비를 함께 넘으며 동반자 의식이 상승했기 때문이다. 둘만의 시간을 되찾으며 남은 시간 서로를 지켜줘야 한다는 마음이 강해지는 것도 만족도 상승의 이유다.

반면 일부 부부는 은퇴 후 관계가 급격히 악화되어 그저 남인 것처럼 살거나 황혼이혼을 결심하기도 한다. 평론가 기와키타 요시노

리는 은퇴 후 부부 관계 악화의 주된 원인이 아내에게 소홀한 남편에게 있다고 지적한다. 회사에 다닐 때는 일한다고 부부 간에 사랑과 결속을 다지는 데 소홀하기 마련이다. 그러다 갈 곳도 잃고, 할 일도 없어진 이제 와서 온종일 집안에 머물며 아내를 부하직원 다루듯 부리는 것이다. 자유를 빼앗긴 아내는 은퇴남편증후군Retired Husband Syndrome에 시달리다 마지막 보루로 별거나 이혼을 통보한다. 은퇴남편증후군은 남편의 은퇴와 함께 아내의 스트레스 강도가 높아지면서 몸이 아프고 신경이 날카로워지는 증상을 말한다.

부부 관계도 결국 인간관계라 서로에 대한 이해와 배려가 필수다. 인생 2막의 안정감과 행복감을 원한다면, 다소 어색하더라도 지금 당장 금슬 회복을 위한 연습을 시작해야 한다. 우선, 은퇴 후 일상에 대해 서로 어떤 생각을 가지고 있는지 대화해보자. 로버트 테일러와 도리 민처가 《부부의 은퇴 퍼즐》에서 제시한 체크리스트를 활용해 대화의 물꼬를 터보자.

부부의 은퇴 체크리스트

● 부부가 각자 '그렇다'고 생각하는 항목 앞에 체크 표시하자.
　개수를 세어 점수를 매기고 서로의 답을 비교해보자.

☐　은퇴 준비를 위한 계획표에 대해 서로 이야기를 나눈 적이 있다

☐　미래에 필요한 의료, 건강 관련 니즈를 충족하기 위해 계획을 수립했다

☐　은퇴 후 삶의 변화를 겪으면서 서로의 역할이 달라질 수 있다는 것을 알고 있다

☐　애정과 친밀감이 관계 유지에 매우 중요한 요인이라고 생각한다

☐　재무 관련 의사 결정을 함께 의논한다

☐　함께 시간을 보내지만 서로 혼자만의 시간을 갖는 것도 중요하다고 생각한다

☐　은퇴 후 라이프 스타일과 살고 싶은 곳에 대해 이야기를 나눈 적이 있다

☐　가족에 대한 의무와 책임에 대해 부부의 의견이 같다

☐　사회 활동을 통해 삶에 대한 만족감을 느낀다

☐　삶의 가치를 공유하고 서로에게 무엇이 중요한지 잘 알고 있다

10개　주위 사람들이 부러워하는 진정한 커플이다.
　　　　지금의 건강한 관계가 앞으로도 이어지도록 잘 유지하자.

7~9개　그럭저럭 서로의 생각을 공유하는 편이다.
　　　　지속적인 대화로 차근차근 다음 계획을 함께 세워가자.

4~6개　나쁘지는 않지만 노력이 필요하다.
　　　　서로에게 좀 더 귀를 기울이고 자신에게 중요한 것을 상대방과 공유하는 연습을 하자.

1~3개　위험신호가 들려온다. 혹시 배우자의 면면이 불만스럽지는 않은가?
　　　　은퇴 후 부부 관계에 비상사태가 벌어지기 전에 특단의 조치가 필요하다.

위치가 바뀌면 관계도 변한다

모든 사람은 자신과 다른 다양한 사람들과 어울리고 부대끼며 관계를 만들어간다. 이때 관계는 여러 가지 양상을 띤다. 오래 유지되기도 하고 단발로 끝나기도 한다. 서로 도움이 되는 관계가 있는 반면 해가 되는 관계도 존재한다. 친숙하고 편안한 관계도 있지만 어색하고 불편한 관계도 있다. 이런 양상은 주로 만나는 대상에 따라 달라진다. 하지만 시간이 흐르거나 상황이 변하면서 동일한 대상에게서도 다양한 관계의 변화를 경험하게 된다.

- 효자였던 아들이 결혼 후 자기 아내밖에 모른다. 여우 같은 며느리가 나와 아들 사이를 갈라놓는 것 같다. **(아들바라기 시어머니)**

- 아기가 태어난 뒤 부부 사이가 예전 같지 않다. 서로 짜증이 많아지고 쉽게 말다툼을 한다. **(아내 눈치 보느라 힘겨운 새내기 아빠)**

- 친구들이 모이면 육아 이야기가 전부다. 자기들끼리 뭐가 그렇게 재밌는지… 요즘은 나 빼고 다들 교육 정보 공유에 바쁘다. **(싱글이 편한 비혼주의자 여성)**

- 팀장 되더니 사람이 변했다. 예전 같으면 대충 넘겼을 일에도 간섭과 잔소리가 늘었다. 말투나 태도도 권위적으로 느껴진다. **(영전한 팀장이 불편한 과장)**

- 은퇴 후 동료나 후배들 연락이 뜸해졌다. 이럴 줄 알았으면 닦달을 해서라도 은퇴 전에 딸아이를 결혼시킬 걸 그랬다. **(마음이 허한 초보 은퇴자)**

보통 사람들은 멀었던 관계가 가까워지거나 그다지 좋지 않던 관계가 원만해지는 것을 자연스럽게 여긴다. 관계가 바람직한 방향으로 흐른다고 생각하기 때문이다. 하지만 반대의 경우에는 매우 불편해하며 민감한 반응을 보인다. 그리고 그때부터 관계에 대한 고민이 싹튼다. 갑자기 나한테 왜 그럴까? 나한테 불만이 생겼나? 아무래도 마음이 변한 것 같다 등등. 이런 추측이 스트레스가 되어 관계를 더욱 악화시킨다.

물론 실제로 나에 대한 상대의 감정이 악화됐을 수도 있다. 그러나 오랜 기간 가깝고 원만했던 관계가 특별한 계기 없이 한순간에 나빠지는 경우는 드물다. 이럴 때는 상대의 감정보다 상대가 처한 상황을 살펴야 한다. 그에게 일어난 모든 상황을 알 필요는 없다. 그저 상대가 라이프 사이클의 어디쯤에 서 있는지 정도만 고려하면 된다. 그러면 그의 대략적인 상황과 감정 상태를 예측할 수 있다.

부모와 자녀 사이에도 마찬가지다. 서로의 생애 주기를 인정해야 원만한 관계가 오래 유지된다. 자녀는 보통 시간이 흐를수록 의존형에서 독립형으로 변한다. 반면, 부모는 그 반대다. 부모는 자녀가 자신의 품을 떠나 새로운 관계를 맺고 새로운 가정을 꾸리는 상황에 익숙해져야 한다. 부모에게 쏟았던 자녀의 감정이 독립 이후 줄어드는 것은 자연스러운 성장 과정이다. 반대로 자녀는 부모가 정신적·육체적으로 약해진다는 것을 인정해야 한다. 늘 보호막이 돼주던 젊은 날의 그 부모가 아니다. 노화가 진행되고 사회생활이 줄어들면서 자녀의 관심과 지지가 필요해진다. 이런 변화를 이해해야, 예전에는 안 그랬는데 이상해졌다 혹은 달라졌다며 말다툼을 하거나 가족 간에 섭섭함이 쌓이는 상황을 줄일 수 있다.

생애 주기처럼 회사생활에도 경력 주기가 존재한다. 신입 때는 과장이나 부장을 보며 저렇게 되지는 말아야겠다고 다짐한다. 그러나 그 신입이 과장이나 부장이 되면 선배들과 똑같아진다. 왜일까? 해당 직급에 기대되는 역할 때문이다. 주임이나 대리는 담당 업무에 충실하며 상사를 보필하고 신입 사원의 적응을 도우면 된다. 과장 이상이 되면 담당 업무와 결과물을 책임져야 하니 아래 직원에게 잔소리가 늘 수밖에 없다. 팀장급 이상이 되면 인력과 성과 모두를 챙기면서 회사 기여도를 직접적으로 평가받기 때문에 회사 내 권위나 입지 등 자의 반 타의 반으로 조직 정치에 참여하게 된다. 그러다 보면 시간 부족과 성과 압박에 쫓겨 주변 관계를 원만하게 처리하지 못하는 상황이 빈번하게 일어난다. 자연스럽게 악역에, 욕먹을 위치에 놓이는 것이다.

그러므로 무조건 상대의 성향을 욕하거나 변했다고 오해하기 전에 그 사람이 인생 주기의 어느 지점에 위치해 있는지 짚어보자. 그리고 해당 지점에서 겪을 수 있는 감정, 상황, 역할 변화들을 고려하

자. 그러면 달라진 관계에 조금은 현명하게 대처할 수 있을 것이다. 원만한 관계를 오래 유지하려면 때로는 상대를 기다려주는 배려도 필요하다. 물론 상대를 전적으로 이해한다고 해서 관계가 내 맘같이 되는 것은 아니다. 다만, 괜한 감정 소모로 회복이 불가능할 정도로 관계를 망치는 실수는 줄일 수 있을 것이다.

관계도 인생의 수많은 선택 중 하나일 뿐이다

있다가도 없어지고, 좋다가도 나빠지는 것이 인간관계다. 사람도, 상황도 변하기에 관계도 당연히 변한다고 생각하는 것이 속 편하다. 사실 관계의 변화보다 더 민감하게 지켜봐야 할 것은 관계가 나에게 미치는 영향이다.

- **편안하고 유익한 관계**
  변질되지 않도록 신경 써서 유지하자.

- **불편한데 유익한 관계**
  불편한 원인을 제거한다. 불편이 유익을 넘어서면 포기한다.

- **편안한데 해로운 관계**
  해로운 원인을 이성적으로 따져서 편안한 감정을 없앤다.

- **불편하고 해로운 관계**
  당연히 멀리한다.

관계가 불편한 이유는 여러 가지다. 낯설어서, 나의 성향이나 가치관과 달라서, 상대의 말투나 행동 방식 때문에 등등. 불편해도 자신에게 유익하다면 불편한 감정을 스스로 컨트롤해 극복해볼 수 있다. 낯선 사람이나 어색한 상황에 적응하고, 나와는 다른 타인의 가치와 성향을 포용하면서 자기 성장의 기회로 삼는 것이다. 다만, 그 과정이 자신에게 스트레스가 된다면 관계를 잠시 멀리했다가 천천히 다가가도 좋다. 그럼에도 심리적·정서적으로 편해지지 않는다면 유익한 관계라도 포기하는 것이 낫다.

편안한데 자신에게 해로운 관계는 가장 다루기 어렵다. 주로 친숙한 주변 관계에서 나타나기 때문이다. 가까운 사람들의 언행이 자신의 자존감에 반복적으로 상처를 주는 경우가 여기 해당한다. 불편한 마음이 들면 원인을 찾아 개선하거나 자연스럽게 관계를 멀리하면 자존감 회복에 도움이 된다. 그런데 이미 감정적으로 편안한 관계다 보니 문제의 원인을 객관적으로 보기 어렵다. 도리어 그들의 말이나 자신을 대하는 행동에 영향을 받아 '나에게 문제가 있는 것은 아닐까?' 생각하면서 스스로 자존감을 깎아내리는 우를 범한다. 가족, 친구, 회사 동료 등 일상을 공유하는 관계라면 상습적으로 피해를 당할 수밖에 없다.

비교 | A부장은 성과를 위해 경쟁이 필요하다며

B대리와 나를 자꾸 비교한다.

왠지 구박받는 느낌이 드는 것은 기분 탓일까.

이번 승진 대상에서 B대리에게 밀렸을까 불안하다.

과시 | 의사 남편, 외제차, 명품백… 동창 모임에서 C의 자랑은 끝이 없다.

이사했다는 말에 곧바로 들어오는 C의 질문. "강남 어디? 몇 평짜리?"

의존 | 사기를 당한 이후 아버지는 맨날 술이고 어머니는 매일 운다.

나의 쥐꼬리만 한 월급으로는 빚쟁이들의 독촉을 감당할 수 없다.

모아놓은 돈도, 떼돈 벌 능력도 없는 자신이 한심하다.

직언 | 밥 먹을 때마다 뚱뚱해서, 자기 관리 못해서

남자 친구 없는 거라며 구박하는 언니가 밉다.

동생이 걱정돼서 하는 말이라지만 반복해서 들으니

스트레스가 쌓이고, 자신감만 떨어진다.

부정 | E는 뭘 해도 별로네, 그럭저럭, 재미없어가 주된 평가다.

주변사람의 단점이나 안 좋은 소식을 전할 때 제일 활기차다.

같이 있다 보면 사는 게 별거 없고 맥이 빠지는 느낌이다.

사실 편안한데 해로운 관계에서는 가해자도 자기가 무엇을 잘 못하는지 모르는 경우가 많다. 본인의 좋지 못한 상황, 불안정한 감정, 잘못된 습관, 미성숙한 자아로 의도치 않게 부정적인 기운을 퍼뜨릴 뿐이다. 부모, 자녀, 형제, 친구, 선후배, 상사, 직장 동료 등 가까이 있는 누구나 나의 자존감을 상습적으로 다치게 할 수 있다. 이때는 불편함을 느끼는 당사자가 직접 나서야 한다.

일단 불편하다는 것을 상대에게 표시해야 한다. 지적하거나 화를 내면 싸움으로 번질 수도 있다. 따라서 상대가 습관적으로 불편한 언행을 했을 때 직간접적인 신호로 알려주자. 먼 산을 보거나 딴청을 피워 관심이 없음을 표현한다. 그럼에도 불구하고 계속적으로 반복되면 어색한 웃음, 무표정, 황당하다는 제스처로 그만하라는 답을 보낸다. 그래도 소용없다면 웃는 얼굴, 낮고 부드러운 목소리를 유지하며 '나는 생각이 달라, 안 그러면 좋겠다.'라는 반대 의사를 내비친다. 이런 상황이 몇 차례 벌어지면 상대도 내가 어떤 때 불편해하는지 감을 잡게 된다. 그동안 나쁜 의도가 없었다면 상대도 나를 배려해 행동을 조심할 것이다. 신호 이후 상대의 언행이 수정됐다면 '이제 나는 괜찮다.' 또는 '당신이 싫어서 그랬던 것은 아니다.'라는 화해의 신호를 반드시 보내야 한다. 그러지 않으면 어느 순간 당신 역시 관계의 가해자가 돼 있을지도 모른다.

수차례 신호를 보냈는데도 변화가 없다면 차선책은 접촉 횟수를 줄이는 것이다. 만나는 횟수를 줄이거나 일상 공간에 함께 있더라도 눈 맞춤, 말수, 웃음을 최소화하고 신체 거리를 멀찍이 유지하면 효과는 금방 나타난다. 나에 대한 관심과 배려가 있다면 상대가 먼저 무슨 일이 있는지 물어볼 것이다. 시간이 흘러 마음의 불편함이 사라졌다면 천천히 관계를 회복하자. 그러나 불편한 마음이 계속될 것 같으면 허심탄회하게 속마음을 이야기해야 한다. 그래야 앞으로의 관계에서 상대에게 배려를 받을 수 있다.

잠시 어색한 분위기가 연출되어도 순간의 불편함을 이겨내야 관계의 피해자에서 주도권자로 돌아설 수 있다. 가까운 사이에서 평화를 깨기 싫다고 억지로 참기만 하면 결국 관계는 왜곡되기 마련이고 상대는 물론 자신에게도 하등 도움이 안 된다. 나이가 들수록 스스로 자존감을 지키며 사람들 간에 원만한 관계를 주도하는 능력이 필요하다. 단, 모든 관계에 과도한 에너지를 쏟을 필요는 없다. 관계 역시 인생의 수많은 선택 중 하나다. 자신에게 필요하고 유익한 관계를 선별할 줄 알아야 한다. 관계의 폭과 깊이를 정할 때도 스스로 감당할 수 있는 적정선을 찾는 것이 중요하다.

인생의 끝에서 손잡아줄 사람들

젊을 때는 해야 할 일도, 가야 할 곳도, 새롭게 만나게 되는 사람도 많다. 그렇게 수많은 사람과 어울려 바쁘게 살다 보면 정작 소중한 관계를 챙기지 못하고 흘려보내기 쉽다. 그러다 덜컥 인생 후반을 맞이하면 내 주변에 과연 누가 남아 있을까? 특별히 할 일도, 안정감을 주는 소속도, 가야 할 곳도 없는 나를 만나주는 사람이 있기나 할까? 아마 가족과 친구들뿐일 것이다. 지금이나 그때나 이해관계 없이 순수하게 나의 존재를 인정하는 사람들뿐이다.

　　자산운용사에 다니는 W는 이른 새벽 KTX에 몸을 실었다. 이번 주는 하루 빼고 연달아 지방 출장이다. 물에 젖은 솜처럼 몸은 노곤하기만 한데 시간이 갈수록 정신은 또렷해진다. 현관문을 나서는 그의 등 뒤에 떨어진 아내의 한마디가 계속 귓가에 맴돌아서다. "아무래도 당신 워커홀릭 맞아. 그렇게 정서적으로 메말라서 대체 무슨 재미로 살아?"

　　남편이 밖에서 일하는 사이 아내와 자녀는 자기들만의 추억을 쌓아간다. 일상의 관계만 놓고 보면 왕따가 따로 없다. '가족이니까 괜찮겠지.' 방심하는 사이 남보다 못한 관계가 될 수도 있다. 아무리 가족이라도 같이 시간을 보내야 서로에 대한 이해가 높아진다. 집에서 잠만 자는 남편, 얼굴 보기 힘든 아빠가 대체 무슨 생각을 하며 사는

지 알 길이 없다. 물론 가족에 대한 가장의 사랑은 무한할 것이다. 하지만 같이 밥을 먹지도, 조곤조곤 대화를 나누지도, 재미있게 놀아주지도 않는다면 그 사랑은 결코 전해지지 않는다.

어린 시절 아버지와 애착 관계를 맺지 못하면 커서도 아버지가 어려울 수밖에 없다. 그동안 가족 관계를 돌보지 못한 아버지는 은퇴 후 돌아온 가정에 당연히 설 자리가 없다. 아버지가 싫어서가 아니다. 딱히 할 이야기도, 공유할 추억거리도 없으니 아내나 자녀도 어색하고 힘들기는 마찬가지다. 가족 관계에도 왕도는 없다. 관심, 배려, 노력이 전부다. 무조건 짬을 내어 가족과 함께하는 시간을 확보하라. 그 시간 동안 서로 이해하고 추억을 공유하며 우리 가족만의 공통분모를 가급적 많이 만들어야 한다.

처음에는 어색하고 무엇부터 시작해야 할지 모를 수도 있다. 특히 자녀가 중학생 이상이면 관계 형성이 훨씬 어려워진다. 그럴 땐 일단 시간을 들여 관찰하자. 아이들이, 아내가 무엇을 좋아하고 어디에 관심이 있는지 말이다. 돈으로 해결하는 선물 공세는 금지다. 차라리 진심이 느껴지는 따뜻한 말 한마디가 낫다. 아버지가 직접 시간과 노력을 들여 가족과 함께한 기억이 자녀의 인생에 핵심 기억으로 남는다. 가족과 함께 행복한 여생을 보내고 싶은가? 그렇다면 사업 기획에만 매달릴 것이 아니라 당장 가족 친화 프로젝트를 기획해 실행에 옮기자.

인생 2막에 가족만큼 중요한 것이 친구다. 살면서 친구를 만드는 루트는 여러 가지다. 학교, 회사, 동호회, 종교, 사회봉사, 지역 커뮤니티 등등. 어릴 때 만난 사이일수록, 이해관계가 없는 만남일수록, 가치관이나 성향이 비슷할수록 그 관계가 오래 유지된다. 특히 만난 지 수십 년 넘은 오랜 친구들은 서로가 살아온 세월을 봐왔기 때문에 실수나 잘못도 감싸주는 아량이 생긴다.

그러나 아무리 아량이 넓은 친구 사이라 해도 평소 관심과 배려의 마음으로 관계를 잘 돌봐야 한다. 인생의 끝까지 함께 갈 친구라면 아끼는 마음을 표현하는 것이 예의다. 기쁜 일이 있을 때 마음을 다해 축하해주고, 슬픈 일이 있다면 함께 슬퍼하며 기꺼이 어깨를 빌려주는 것이 중요하다. 진정한 친구가 없다고 속상해하기 전에 스스로를 돌아봐야 한다. 자신이 먼저 누군가에게 손을 내밀어 진정한 친구가 돼주고 있는지 말이다.

사는 게 힘들 때 술 한잔 기울이며 마음 터놓을 친구가 있는가? 차 한잔 놓고도 몇 시간을 깔깔대며 시답잖은 수다를 떨 친구가 있는가? 그런 소중한 친구들이 곁에 있다면 삶의 후반부가 그렇게 외롭지만은 않을 것이다.

CHAPTER 5

판단 금지,
세상과
공감하는 법

한 시간 동안 행복하려면 낮잠을 자고
하루 동안 행복하려면 낚시를 하라.

한 달 동안 행복하려면 결혼을 하고
일 년 동안 행복하려면 재산을 물려받아라.

평생 동안 행복하려면 누군가를 도와주어라.

- 중국 속담 -

셀프 프로젝트 SELF PROJECT

무엇이 그들을 위협하는가

사회문제

사회제도의 결함이나 모순으로 발생하는 모든 문제.
실업, 교통, 주택, 공해, 청소년 문제 등이 있음.

인간은 정말 이기적일까? 심리학자나 경제학자들은 세계 곳곳에서
'최후통첩게임Ultimatum Game'을 실험해 이 궁금증을 풀어냈다. 게임에
참여한 사람들은 두 그룹으로 나뉜다. 제안자 그룹에게는 돈을 나누
는 권한이 주어진다. 응답자 그룹에게는 제안자가 나눠준 돈을 수락
하거나 거절할 권리가 주어진다. 이기적이고 합리적인 사람이라면 제
안자는 상대에게 1원을 나눠줘야 하고, 응답자는 1원 이상이면 당연
히 수락해야 이익이다. 그런데 실험 결과 가장 흔한 제안은 총 금액의
50%였고, 다소 야박한 사람도 30% 이상은 제안했다. 응답자 역시 제
안자가 20% 이하를 나눠주면 얻는 것이 없어도 거절 의사를 밝혔다.
금액이 아무리 커져도 이 비율은 비슷하게 유지됐다. 공정하지 않다
는 생각이 들면 경제적 이익도 포기하는 것이다.

그럼 혹시 응답자가 거절할까 눈치가 보여서 30~50%의 돈을 제안한 것은 아닐까? 그래서 만들어진 것이 '독재자게임Dictator Game' 이다. 이 게임에서는 응답자에게 거절할 권리가 없다. 제안자가 일방적인 금액을 강요해도 응답자는 무조건 받아들여야 한다. 최후통첩게임보다는 덜 공평한 분배가 나타났지만, 그래도 분배 비율이 최소 30%를 유지했다. 이 실험은 인간이 항상 이기적인 선택을 한다는 선입견을 깨뜨렸다. 자기 마음대로 할 수 있는 상황에서도 타인과의 관계를 고려하고, 공정하지 못한 상황에 저항하는 모습을 보였다. 이기심에 기초한 경제적 이익보다 공정성에 기초한 상호 이익이 의사 결정에 중요한 영향을 미치는 것이다.

개개인은 이렇게 상호 이익과 공정성을 중요시하는데, 왜 사회는 갈수록 각박해질까? 내 주변에는 더불어 살 줄 아는 착한 사람들이 아직 너무나 많은데, 왜 뉴스에는 악독한 사람들만 등장할까? 그것은 바로 개개인의 선량함이 집단의 힘으로 모아지지 못하기 때문이다. 2015년 〈OECD 삶의 질 지표〉에서 한국은 전반적으로 하위권에 머물러 있다. 그중에서도 자원봉사의 척도인 커뮤니티지수는 꼴찌를 기록했다. 먹고살기도 힘든데 무슨 자원봉사냐고 말할 수도 있다. 자원봉사를 단순히 불쌍한 사람들 돕는 것으로 한정하면 그런 생각이 들만도 하다. 하지만 자원봉사의 원래 뜻은 보다 광범위하다. 사회 또는 공공의 이익을 위한 일을 자기 의지로 행하는 것, 선량한 개인이 사회를 선량하게 변화시킬 수 있는 도구가 바로 자원봉사, 커뮤니티 활동이다.

　나와 내 가족을 스스로 지키겠다고 외롭게 싸우며 홀로 경쟁에서 이겨봤자 각박한 사회는 자녀에게 그대로 대물림된다. 자녀 또한 우리처럼 똑같은 사회에서 보호받지 못하고 홀로 싸워야 한다. 열심히 돈 벌어서 내 자식만 이민 보내는 게 능사는 아니다. 그보다 우리 사회가 나와 내 가족을 지키는 원래의 본분을 다하도록 개개인이 힘을 모아 변화의 토양을 만들어야 한다. 이를 위해 먼저 내 삶에 갇혀 있는 시야를 우리의 삶으로 넓혀야 한다.

　어떤 사회문제가 사람들을 괴롭히는가? 그 문제의 심각성에 당신은 얼마나 공감하는가? 문제 해결을 위해 어떤 활동이 가능한가? 다음 세대를 위해 사회를 변화시키고 사회적 안전망을 만들어주는 것은 기성세대의 선택이 아닌 의무다.

우리 아이들을 위협하는 사회문제 리스트

● 관심 있거나 시급히 해결해야 한다고 공감하는 항목 앞에 체크해보자.

☐ 의식주가 부족한 아이들에게 어떤 도움이 필요할까?

☐ 교육의 혜택을 받지 못하는 학생들을 어떻게 도울 것인가?

☐ 학교 밖 청소년들에게 필요한 도움은?

☐ 학교폭력을 막을 수 있는 방안은 없을까?

☐ 가정폭력에 시달리는 사람들을 구할 방법은?

☐ 난치병 환자들을 돕는 방법은?

☐ 독거노인에게 어떤 관심과 도움이 필요할까?

☐ 성폭력을 방지하는 방법은?

☐ 인간소외 현상을 어떻게 극복할 것인가?

☐ 경쟁이 아닌 인성교육을 확산하는 방법은?

☐ 소비자의 피해를 막기 위해 어떤 노력이 필요한가?

☐ 왜곡된 언론보도를 감시하려면?

☐ 다문화가정의 정착을 도울 방법은?

☐ 통일에 대비해 어떤 준비가 필요할까?

☐ 원자력 발전에 대해 어떤 입장을 취해야 하는가?

☐ 환경 파괴를 막고 자연을 보호하려면 무엇을 해야 하는가?

☐ 낭비되는 자원을 재활용하는 방법에는 어떤 것들이 있는가?

□ 건강에 이로운 먹거리 문화를 확산하려면?

□ 도시의 주거 문제를 해결하려면?

□ 맞벌이 부부의 육아 문제를 해결하려면?

□ 경력 단절 여성을 어떻게 도울 것인가?

□ 날로 늘어나는 1인가구의 외로움을 해소하려면?

□ 등록금, 스펙 쌓기, 청년실업 등 청년들이 겪는 어려움을 함께 나누려면?

□ 은퇴자들의 건강한 노후에 도움이 되는 방법은?

□ 높은 자살률을 낮추려면?

□ 소상공인과 중소기업을 살리는 방안은?

□ 소외되거나 낙후된 지역을 재개발하는 방법은?

　　　지금부터 인생 2막까지 지속적으로 관심을 두고 해결하고 싶은 사회문제를 정해보자. 문제 해결에 동참하는 방법은 간단하다. 해당 주제를 전문으로 해결하는 사회단체를 찾는 것이다. NPO, NGO, 사회적기업, 사회적협동조합, 마을기업 등등 어디라도 좋다. 요즘은 선택지가 좀 더 넓어졌다. 해당 단체의 홈페이지, 보도자료, SNS 등을 통해 활동성과 투명도를 점검하고 참여할 만한 프로그램이 있는지 살펴보자. 꼭 돈이 아니더라도 물품, 노동, 재능, 정서 등 어떤 것이라도 기여할 방법은 무궁무진하다. 의지와 여유가 된다면 뜻이 맞는 사람끼리 사모임을 조직하거나 직접 시민사회 단체를 설립해 활동할 수도 있다.

나로 인해 타인의 삶이 달라질 수 있다

영화 〈어바웃 슈미트〉는 66세 은퇴자에 대한 이야기다. 주인공 슈미트는 30년간 보험회사에서 일하며 임원까지 지냈다. 바쁘게 지내던 그에게 은퇴 후 닥쳐온 백수 생활은 외롭고 막막하기만 했다. 회사 후배와 만난 자리에서 업무에 대해 조언했지만, 돌아오는 반응은 핀잔과 따돌림뿐. 곁에 있던 아내마저 뇌졸중으로 갑자기 세상을 떠나고, 하나 남은 딸은 반대하는 남자와 결혼을 한단다. 결혼 생활에 대해 당부하는 그에게 딸은 '왜 이제 와서 간섭이냐'는 차가운 말을 던진다.

사회에서도 가정에서도 외톨이가 된 그에게 유일하게 친구가 되어준 존재가 있다. 6살짜리 탄자니아 난민소년 엔두구. 후원 결연을 맺은 소년에게 정성스럽게 편지를 쓰는 일은 그의 소중한 일과 중 하나였다. 엔두구는 영어에도 서툴고 인생에 대해 알려면 아직 먼 나이였지만, 슈미트는 어린아이에게 마치 고백이라도 하듯 자신의 일상을 들려줬다.

"엔두구, 안녕. 나는 66세 슈미트라고 해.
얼마 전 내 젊은 시절을 다 바친 회사를 떠나게 됐단다."

"친애하는 엔두구에게.

어제 42년을 함께 살아온 아내의 장례식이 있었단다.

이제 이 크고 낡은 집에 나 홀로 남게 됐구나."

"엔두구, 잘 지내니?

귀여운 내 딸이 얼마 안 있으면 결혼을 한다는구나.

남편감에 비해 내 딸이 너무 아깝다는 생각이 들지 뭐니."

그는 캠핑카를 끌고 이곳저곳을 여행하고, 마지막으로 딸의 결혼식에 참석한 뒤 다시 집으로 돌아온다. 또다시 덩그러니 홀로 남은 슈미트. 특별히 돌볼 사람도 관심 둘 일도 없는 하루하루를 보내며 생각한다. '이렇게 죽을 날만 기다리며 사는 건가.' 그러던 어느 날 그의 앞으로 한 통의 편지가 도착한다. 엔두구를 돌보고 있는 수녀가 보낸 답장이었다.

"슈미트 씨의 후원 덕에 엔두구는 건강하게 잘 크고 있어요.

엔두구는 온종일 당신에 대해 물어본답니다.

그 아이 머릿속에는 온통 당신 생각뿐이에요.

엔두구가 영어에 서툴러서 당신에게 줄 그림을 그렸어요.

동봉합니다."

엔두구의 그림을 보며 눈물을 흘리는 슈미트. 세상에 홀로 남 았다고 느끼는 그에게 아이가 내밀어준 손은 어떤 의미였을까? 자원 봉사를 해본 사람이라면 한결같이 느끼는 감정이 있다. '누군가를 도 우러 왔는데, 오히려 내가 더 큰 도움을 받았다.' 왜일까? 타인을 돕 는 것은 잊어버린 자신을 되찾는 행위이기 때문이다. 누군가에게 도 움이 되는 자신을 발견할 때 스스로의 존재감을 가장 크게 실감할 수 있다.

해외 유명 인사들이 사회문제 해결을 위해 거액의 돈을 기부하 는 것이 도덕적 기준이나 사회적 의무감 때문만은 아니다. 그런 행동 이 스스로 자존감을 높이는 데 엄청난 효과가 있다는 것을 그들이 이미 알고 있기 때문이다. 이 비법을 알고 있는 사람들이 우리 주변에 도 살고 있다. 폐지를 주워 모은 돈으로 어려운 학생들을 돕고, 소외 된 사람들을 도우라며 거액의 성금을 남몰래 놓고 가는 우리의 이웃 들. 그들 역시 자신을 사랑하는 법을 터득한 사람들이다.

사람은 누구나 자신의 존재가 무언가에 기여한다고 느낄 때 자 아실현의 행복감을 최고로 느낀다. 일신의 안위와 먹고사는 문제에만 치중할 때 '나는 왜 사는가?'라는 회의감이 드는 이유다. 인생 1막, 바 쁘다는 핑계로 앞만 보고 달려왔는가? 그렇다면 인생 2막에서는 관 심의 범위를 가족과 지인을 넘어 타인과 사회로 넓혀 보자. 예전보다 자존감과 행복감이 훨씬 더 넓어지고 깊어지는 놀라운 일상을 경험 하게 될 것이다.

말의 온도를 높인다는 것

당신은 타인의 상황에 얼마나 공감하는가? 누군가를 돕기 위해서는 상대에 대한 판단을 멈추고 공감 능력을 발휘해야 한다. 판단은 진실과 거짓, 선과 악, 아름다움과 추함을 따져서 판가름하는 이성적인 행위다. 나이가 들수록 개개인의 판단 기준은 명확하고 견고해진다. 이는 자기 삶의 의사 결정을 내리는 데 도움이 될 수 있다. 하지만 누군가와 소통하고 유대 관계를 맺을 때 종종 장애가 되기도 한다. 스스로의 판단 기준이 뚜렷할수록 다른 기준을 가진 사람들을 불편하게 여기거나 배척하는 마음이 들기 때문이다. 때로는 상대에게 자신의 기준을 강요하는 실수를 범하기도 한다.

반면 공감은 상대의 의견, 입장, 감정에 동일한 느낌을 갖는 감성적인 활동이다. 공감할 때는 눈에 보이는 외면적 상황이 아니라 그 상황에 처한 상대의 내면적 감정 상태에 초점을 맞춰야 한다. 직접 경험하지 않고도 상대의 감정을 거의 같은 수준으로 느껴야 진정한 공감이 가능하다. 그때 비로소 잘잘못을 떠나 상대를 충분히 이해할 수 있다. 다음 두 가지 상황에서 당신은 주로 어떤 답변을 하는 사람인가?

#퇴근 후 돌아온 남편에게 아내가 말한다.

"나 몸이 아픈데…."

답변 A: "약 먹고 얼른 자."

답변 B: "그래? 많이 아파?"

#면접에 또 떨어진 아들이 풀이 죽은 목소리로 말한다.

"제가 부족한 게 많아서 취업이 안 되나 봐요."

답변 A: "노력해서 실력을 쌓으면 되지."

답변 B: "요즘 많이 속상하지?"

A는 전형적인 판단형 답변이다. 상황을 논리적으로 분석해 타당한 해결 방법을 제시한다. 솔루션은 만점인데 상대의 감정 고려는 빵점이다. 아내가 아플 때 약 먹고 쉬어야 한다는 것을 몰랐을까? 아들이 치열한 취업 경쟁에 스펙이 필요하다는 것을 모르고 있을까? 하소연하듯, 자책하듯 이야기를 꺼낸 이들의 마음을 읽어야 B와 같은 공감형 답변이 가능하다. 몸이 아프다는 외적인 표현의 이면에는 관심과 사랑이 필요하다는 심리 상태가 담겨 있다. 걱정 어린 '힘들지?'라는 한마디가 수십 가지의 위로와 대책의 말보다 더 큰 공감을 전할 수 있다.

보통 공감이 어려운 이유는 타인의 감정보다 자신의 감정이 앞서는 경우가 많기 때문이다. 나쁜 점을 고쳐주고 좋은 방향으로 이끌어야 한다는 강박이 상대가 원하지 않는 말과 행동으로 이어질 수 있다. 아무리 좋은 의도라도 전달 방식이 부적절하면 소통을 가로막는다.

따라서 공감할 때는 상대를 있는 그대로 관찰해야 한다. 어떤 상황에 처해 있는가? 행동의 원인은 무엇일까? 지금 어떤 기분을 느끼고 있을까? 스스로 질문을 던져 상대방의 입장에 서봐야 한다. 대화를 나눌 때는 경청, 고개 끄덕임, 눈 맞춤, 맞장구 등 공감의 제스처를 취하자. 그러면 어느 순간 상대가 마음의 문을 여는 것이 느껴질 것이다. 문제 해결을 위한 솔루션은 그때 제시해도 늦지 않다. 공감의 소통 가운데 전하는 솔루션은 더 이상 반감의 대상이 아니라 따뜻한 마음이 담긴 도움의 손길이 된다.

사람이 모이는 공감의 마술

가정, 학교, 회사, 동호회, 지역사회 어디에서나 훌륭한 공감 능력을 가진 사람의 주변에는 많은 사람이 모인다. 공감형 사람은 상대방의 감정을 배려해 자신을 내세우지 않는다. 편안한 분위기를 형성하며 그 안에서 위로와 도움의 메시지를 나눈다. 반면 권위형 사람은 자신의 판단, 입장, 감정을 최고로 내세운다. 어떻게든 타인보다 우위에 있으려 하니 상대의 감정을 세세히 읽을 겨를이 없다. 이런 사람에게는 실리를 취하려는 사람들만 들러붙고, 그 실리를 다 취하고 나면 아무도 곁에 남지 않는다. 타인에게는 무관심하고 오로지 자기 위주로 모든 상황을 바라보는 사람 곁에 머무는 것만큼 피곤하고 불쾌한 경험은 없기 때문이다.

어느 날 한 중년 여성이 머뭇거리며 조 지라드가 근무하는 쉐보레 매장에 들어섰다.

"사실은 제가 맞은편 포드 매장에 자동차를 보러왔는데
시간이 좀 남아서요. 잠깐 구경해도 될까요?"
"물론이죠. 부담 없이 둘러보세요."

지라드의 환대에 한결 표정이 밝아진 여성은 기웃기웃 자동차를 둘러본다. 그러다 어색했는지 곁에 서 있는 지라드에게 말을 건넸다.

"초면에 이런 말하면 웃기지만, 실은 오늘이 제 55번째 생일이에요.
안 먹고 안 쓰고 돈만 벌었더니 스스로한테 미안해서요.
저 자신에게 줄 선물을 고르다가 흰색 포드 자동차가 눈에 확 띄었어요.
그 정도면 충분한 보상이 될 것 같더라고요."
"아, 오늘이 그렇게 중요한 날인데 제가 몰랐네요.
생일 축하드립니다."

따뜻한 미소로 축하 인사를 전한 지라드는 조용히 직원을 불러 뭔가를 지시했다. 그리고 흰색 쉐보레 자동차를 보고 있는 그녀에게 다가갔다.

"원래 흰색을 좋아하시나 봐요. 손님께 잘 어울리는 색이네요.
한번 타보시겠어요?"
"그럴까요?"
"그전에 잠시만요. 약소하지만 저희 마음이니 받아주세요."

지라드의 손에는 아름다운 장미 꽃다발이 들려 있었다. 뜻밖의 이벤트에 감동한 그녀는 그제야 조금 전 겪었던 속상한 일을 털어놓기 시작했다.

"저쪽 포드 매장 직원한테는 제가 차 살 능력이 없어 보였나 봐요.
차 좀 보여달라 했더니 자기가 지금 외출한다면서
한 시간 후에 오라고 퉁명스럽게 말하더라고요.
근처에 마땅히 갈 데도 없고, 그래서 할 수 없이 여기에 온 건데
이렇게 신경을 써주시니 몸 둘 바를 모르겠어요."

그녀는 잠시 뭔가를 생각하더니 말을 이었다.

"생각해보니 저는 흰색 차를 원했던 거예요.

굳이 포드가 아니어도 되죠."

결국 중년 여성은 지라드로부터 흰색 쉐보레 자동차를 구매한 뒤 만족스럽게 돌아갔다. 포드 매장에는 눈길조차 주지 않은 채.

조 지라드는 미국의 전설적인 자동차 판매왕이다. 15년간 13,001대의 자동차를 판매해 12년 연속 기네스북에 올랐다. 〈포브스〉에서 선정한 "세기의 슈퍼 세일즈맨"이며, 세일즈맨으로서는 최초로 미국 '자동차 명예의 전당'에 오르기도 했다.

어린 시절 그는 빈민가에서 자랐다. 술주정뱅이 아버지의 구타에 못 이긴 그는 고등학교를 중퇴하고 구두닦이로 사회생활을 시작했다. 그 후 35세까지 40여 개의 직업을 전전하며 온갖 고생과 실패를 경험하다 우연히 자동차 세일즈를 알게 되었다.

도와줄 가족도 지인도 없는 그는 절박한 심정으로 영업을 시작했다. 영업하면서 결혼식이나 장례식에 참석하게 된 그는 한 사람이 보통 250명의 인간관계에 연결돼 있다는 것을 발견했다. 그래서 한 명의 고객을 감동시키면 추가로 250명의 고객을 얻을 수 있다는 '250의 법칙'을 고안했다. 이 법칙에 따라 지라드는 고객의 사소한 감정까지 포착하는 세심한 공감 능력을 발휘했다. 그 덕에 지라드는 자신을 만난 고객뿐만 아니라 그 고객의 지인들까지도 자신의 팬으로 만들 수 있었다.

나이가 많을수록, 직급이 높을수록, 남성일수록 공감 표현에 야박한 경우가 많다. 그런데 정작 누군가가 공감을 표현하면 가장 빨리 마음의 문을 여는 사람들이기도 하다. 공감하기 싫은 것이 아니라 익숙하지 않다는 뜻이다. 공감도 연습이 필요하다. 지인들 앞에서 쑥스럽다면 새롭게 만나는 사람들에게 먼저 시도해보자. 대화의 분위기, 상대의 몰입도가 변하는 효과를 경험하면 소극적이고 무뚝뚝했던 기존의 소통 방식을 스스로 깨뜨릴 수 있다. 공감의 소통 방식에 차차 익숙해지면 가까운 지인에게도 어색함을 깨고 도전할 용기가 생길 것이다.

공감은 모든 관계를 원만하게 만드는 비법 중 하나다. 가까운 가족과 친구에게 마음을 전할 때도, 고객을 설득하거나 직장 동료와 함께 일할 때도, 어려운 사람을 돕고 사회문제를 해결할 때도 공감은 세련된 의사소통 전략이 될 수 있다. 인생 2막, 나이도 많고 성격도 조용하고 내세울 소속이나 타이틀도 없어 걱정하는가? 그렇다면 '공감형 인간'을 본인의 대표 타이틀로 설정해보자. 창업, 재취업, 동호회 활동, 사회봉사 등 앞으로 어떤 일을 하더라도 공감 능력만큼 큰 무기는 없을 것이다. 사람은 누구나 자신의 마음을 알아주는 사람에게 자연스럽게 관심과 호감을 갖기 때문이다. 특히 희로애락이 반복되는 인생길에서 자신의 감정과 입장을 공감해주는 누군가가 곁에 있다면, 그런 사람과는 인생의 멘토이자 동료로 오래도록 함께하고 싶을 것이다.

버려진 시간의 힘

초판 1쇄 발행 2016년 6월 20일

지은이 채지희

펴낸이 권미경
편 집 김하나
마케팅 심지훈
홍 보 이정
표지 디자인 [★]규 **본문 디자인** 조현덕

펴낸곳 (주)웨일북
등록 2015년 10월 12일 제2015-000316호
주소 서울시 마포구 월드컵북로4길 30, 202호
전화 02-322-7187
팩스 02-337-8187
메일 sea@whalebook.co.kr
홈페이지 www.whalebook.co.kr

ISBN 979-11-956771-2-2 03320

소중한 원고를 보내주세요.
좋은 저자에게서 좋은 책이 나온다는 믿음으로, 항상 진심을 다해 구하겠습니다.